Altcoins y ICOs

El futuro de la inversión digital y la innovación blockchain

Santiago García

Tabla de Contenidos

INTRODUCCIÓN

Bienvenido a "Altcoins y ICOs: el futuro de la inversión digital y la innovación Blockchain". El enorme panorama de las altcoins y el fenómeno innovador de las Ofertas Iniciales de Monedas (ICO) se exploran en este completo libro electrónico mientras emprendemos un viaje hacia el apasionante mundo de las criptomonedas. Los activos digitales se han convertido en uno de los desarrollos más innovadores de nuestro tiempo, captando el interés de inversores, tecnólogos y entusiastas de todo el mundo a medida que el ecosistema financiero global continúa experimentando cambios fundamentales.

Cuando Bitcoin apareció por primera vez en 2009, comenzó oficialmente la historia de las criptomonedas. Con su innovador invento, Satoshi Nakamoto revolucionó la forma en que pensamos sobre el dinero y las transacciones al sentar las bases para una moneda digital descentralizada de igual a igual. Desde entonces, han aparecido muchas criptomonedas alternativas, o "altcoins", cada una con características y aplicaciones únicas. En este libro electrónico, profundizamos en el intrigante mundo de las monedas alternativas, analizando cómo funcionan y si pueden alterar las finanzas convencionales.

La idea de las ofertas iniciales de monedas (ICO) ha cambiado por completo la forma en que los proyectos basados en blockchain recaudan dinero en medio de un panorama en rápida evolución. Estas ventas de tokens hacen posible que tanto las empresas nuevas como las existentes recauden dinero directamente de un grupo global de inversores sin el uso de intermediarios convencionales. Nuestra investigación sobre las ICO aclarará el funcionamiento de estas actividades de recaudación de fondos, los riesgos y beneficios actuales, y las lecciones que podemos extraer de los triunfos y fracasos de las empresas pasadas.

El objetivo principal de este libro electrónico es brindarle a usted, el lector, una comprensión profunda de las altcoins, las ofertas iniciales de monedas y su importancia en relación con otras innovaciones de blockchain. Este libro electrónico busca brindarle el conocimiento y las ideas necesarias para navegar con confianza en el mundo de la inversión digital, ya sea un inversionista experimentado en criptomonedas que intenta diversificar su cartera o una persona curiosa y ansiosa por comprender las complejidades de esta tecnología innovadora.

Examinaremos los elementos que influyen en la adopción y el valor de las altcoins, así como el entorno cambiante de las ICO y su potencial para alterar muchas industrias, utilizando una combinación de explicaciones instructivas, estudios de casos del mundo real y análisis de expertos. También examinaremos la tecnología blockchain fundamental que sustenta esta revolución digital, revelando su enorme potencial para aplicaciones distintas de las criptomonedas, como las finanzas descentralizadas (DeFi) y los tokens no fungibles (NFT).

Si bien existen muchas oportunidades en el apasionante ámbito de las criptomonedas, es esencial abordar este campo con precaución y moderación. A lo largo de este libro electrónico, enfatizaremos el valor de la gestión de riesgos, los procedimientos de seguridad y el mantenimiento del entorno regulatorio en constante cambio.

Finalmente, "Altcoins y ICOs: El futuro de la inversión digital y la innovación Blockchain" pretende ser tu brújula mientras exploras el fascinante mundo de las criptomonedas. Después de leer esta exploración, esperamos que tenga la confianza y la información necesarias para tomar decisiones inteligentes, aprovechar oportunidades y aprovechar el potencial revolucionario de los activos digitales y la tecnología blockchain.

Mientras exploramos los misterios de la criptosfera y revelamos el potencial de la innovación blockchain y la inversión digital, ¡emprendemos este viaje juntos!

CAPÍTULO I

Explorando Altcoins

Definición y características de Altcoins

El nacimiento de Bitcoin en 2009 marcó el inicio de un sistema financiero revolucionario que desafió las nociones tradicionales de dinero y control centralizado. A medida que el mundo adoptó el concepto de moneda digital descentralizada, comenzó a surgir todo un ecosistema de criptomonedas alternativas, comúnmente conocidas como altcoins. En esta sección, profundizaremos en la definición y características de las altcoins, explorando sus distinciones de Bitcoin y las monedas fiduciarias. Además, examinaremos sus características únicas, casos de uso y las fuerzas impulsoras detrás de su creciente popularidad en el panorama en constante evolución de las finanzas digitales.

En el ámbito de las criptomonedas, las altcoins se refieren a una amplia gama de monedas digitales que siguieron a la entrada pionera de Bitcoin en el mercado. Si bien Bitcoin sigue siendo la criptomoneda más reconocida y dominante, las altcoins ofrecen características y casos de uso distintos que las diferencian de la moneda digital original. Cualquier criptomoneda que no sea Bitcoin puede clasificarse como altcoin. Con el tiempo, se han creado miles de altcoins, cada una de las cuales aspira a resolver desafíos particulares y atender nichos específicos dentro de la economía digital.

Una de las características definitorias de las altcoins radica en los diversos marcos tecnológicos que emplean. Las altcoins a menudo se basan en la tecnología blockchain fundamental de Bitcoin, con el objetivo de mejorar sus limitaciones y mejorar funcionalidades específicas. Por ejemplo, Litecoin introdujo el algoritmo Scrypt para acelerar el procesamiento de transacciones, abordando las preocupaciones sobre la escalabilidad de Bitcoin. De manera similar, Ethereum introdujo contratos inteligentes, que permiten a los desarrolladores crear aplicaciones descentralizadas (DApps) en su blockchain. Debido a la variedad de marcos tecnológicos disponibles, las monedas alternativas pueden adaptarse a una gran variedad de casos de uso, yendo mucho más allá del alcance de las transacciones tradicionales entre pares.

A diferencia del mecanismo de consenso de prueba de trabajo (PoW) de Bitcoin, que consume mucha energía, las altcoins han explorado una gran cantidad de mecanismos de consenso. Prueba de participación (PoS), Prueba de participación delegada (DPoS), Tolerancia práctica a fallas bizantinas (PBFT) y otras han surgido como alternativas a PoW. Cada mecanismo tiene como objetivo lograr la seguridad y validación de la red y al mismo tiempo abordar los problemas de escalabilidad y consumo de energía. Al adoptar diferentes mecanismos de consenso, las altcoins exhiben un compromiso con la innovación y la sostenibilidad ambiental.

Las altcoins centradas en la privacidad han ganado una atención significativa debido a las crecientes preocupaciones sobre la privacidad y el anonimato de las transacciones. Las transacciones en Bitcoin son seudónimas y pueden monitorearse en el libro de contabilidad público que utiliza (blockchain), pero monedas alternativas centradas en la privacidad como Monero y Zcash utilizan poderosas técnicas criptográficas para proteger los datos transaccionales. Este mayor enfoque en la privacidad atrae a los usuarios que priorizan la confidencialidad en sus transacciones financieras.

Más allá de funcionar como meras monedas digitales, algunas altcoins profundizan en el ámbito de la tokenización. Estas criptomonedas representan activos del mundo real en una cadena de bloques, incluidos bienes raíces, materias primas, arte y más. La tokenización permite la propiedad fraccionada, una mayor liquidez y transparencia en mercados tradicionalmente ilíquidos, ampliando el alcance de la tecnología blockchain más allá de su función en las aplicaciones monetarias.

Si bien Bitcoin pretende servir como una alternativa digital a las monedas fiduciarias tradicionales, las altcoins a menudo adoptan casos de uso y propuestas de valor específicos. Ripple (XRP), por ejemplo, se centra en facilitar transacciones transfronterizas rápidas y de bajo costo, atrayendo a instituciones financieras y servicios de remesas. Por otro lado, Chainlink (LINK) se especializa en brindar servicios de Oracle para conectar contratos inteligentes con datos del mundo real, revolucionando las aplicaciones potenciales de la tecnología blockchain. El caso de uso único y la propuesta de valor de cada altcoin influyen en su relevancia y adopción en el ecosistema blockchain.

Los mercados de criptomonedas son conocidos por su alta volatilidad y las altcoins no son una excepción. Si bien las fluctuaciones de precios de Bitcoin afectan a todo el mercado, las altcoins tienden a experimentar oscilaciones de precios más significativas debido a su capitalización de mercado y volúmenes de negociación comparativamente más bajos. En consecuencia, las inversiones en altcoins ofrecen el potencial de obtener mayores rendimientos, pero conllevan un mayor riesgo. Los inversores deben tener precaución y realizar una investigación exhaustiva antes de aventurarse en el mercado de altcoins.

Como primera criptomoneda, Bitcoin goza de un reconocimiento y adopción generalizados, a menudo denominado oro digital o reserva de valor. Las altcoins, por el contrario, enfrentan un desafío más importante para obtener reconocimiento y establecerse como alternativas viables tanto al Bitcoin como a las monedas fiduciarias. Sin embargo, algunas altcoins han obtenido importantes bases de usuarios y apoyo de la comunidad, distinguiéndose por sus innovaciones tecnológicas y su exitosa implementación de casos de uso.

Uno de los principales impulsores de la popularidad de las altcoins radica en la innovación continua que aportan al espacio blockchain. Los proyectos de Altcoin a menudo están motivados para abordar las limitaciones de las criptomonedas existentes o ser pioneros en casos de uso completamente nuevos. La comunidad criptográfica y los inversores se sienten atraídos por proyectos que prometen soluciones innovadoras a problemas existentes o nuevas formas de abordar las industrias tradicionales.

Para los comerciantes e inversores, las altcoins presentan una oportunidad para diversificar sus carteras más allá de Bitcoin y los activos tradicionales. Con muchas altcoins disponibles a precios más bajos en comparación con Bitcoin, los inversores buscan identificar proyectos prometedores en sus primeras etapas y participar en su crecimiento. Las inversiones en altcoins pueden ser lucrativas, pero requieren una cuidadosa consideración de los riesgos asociados y la dinámica del mercado.

El éxito de cualquier proyecto de criptomonedas depende en gran medida de su comunidad y del apoyo al desarrollo. Las altcoins que fomentan comunidades activas y comprometidas y equipos de desarrollo sostenible a menudo tienen una mayor probabilidad de prosperar en el mercado competitivo. El apoyo de la comunidad contribuye al conocimiento, la adopción y la credibilidad general de un proyecto de altcoin.

Las altcoins atienden a nichos e industrias específicos, lo que permite soluciones específicas y un desarrollo enfocado. Al especializarse en áreas particulares, las altcoins pueden crear una ventaja competitiva e impulsar la adopción entre los usuarios que requieren soluciones personalizadas. Las altcoins centradas en nichos también pueden establecerse como pioneras en sus respectivos campos, aumentando su relevancia e impacto potencial.

En conclusión, las altcoins representan un componente diverso y dinámico del ecosistema de las criptomonedas. Como criptomonedas alternativas a Bitcoin, han introducido una amplia gama de innovaciones tecnológicas y casos de uso, remodelando la forma en que percibimos e interactuamos con los activos digitales y la tecnología blockchain. A pesar del continuo dominio de Bitcoin en la industria de las criptomonedas, las monedas alternativas se han labrado un nicho distinto en la economía digital en constante evolución debido a sus distintas cualidades, marcos diversificados y casos de uso específicos. Es probable que las altcoins sigan a la vanguardia de la innovación blockchain a medida que el mercado de las criptomonedas siga experimentando cambios. Esto impulsará el futuro de las finanzas digitales y ampliará los límites de lo que es posible en un mundo descentralizado. A medida que los inversores, desarrolladores y usuarios navegan por este panorama, es fundamental reconocer las distinciones y el potencial de las altcoins, sopesando cuidadosamente sus beneficios y riesgos para tomar decisiones informadas en esta revolución digital en rápida evolución.

Principales Altcoins en el mercado

Con el meteórico ascenso de Bitcoin como criptomoneda pionera, se abrieron las compuertas de la innovación, lo que llevó a la creación de numerosos activos digitales alternativos conocidos como altcoins. A medida que el mercado de las criptomonedas maduró, estas altcoins aportaron diversas características, casos de uso y mejoras al ecosistema blockchain. Esta sección explorará algunas de las principales altcoins que han ganado prominencia en el mercado. Desde los revolucionarios contratos inteligentes de Ethereum hasta el enfoque de Ripple en transacciones transfronterizas fluidas, cada altcoin ha impactado de manera única el mundo de las finanzas digitales.

Ethereum (ETH), fundada por Vitalik Buterin en 2015, es una plataforma blockchain innovadora que introdujo contratos inteligentes y aplicaciones descentralizadas (DApps). A diferencia de Bitcoin, la cadena de bloques de Ethereum permite a los desarrolladores crear y ejecutar acuerdos programables autoejecutables, conocidos como contratos inteligentes. Estos contratos facilitan interacciones automatizadas y a prueba de manipulaciones sin necesidad de intermediarios, lo que abre un mundo de aplicaciones y servicios descentralizados.

Las capacidades de contrato inteligente de Ethereum han impulsado una innovación significativa en el espacio blockchain. Las DApps creadas en la red Ethereum van desde plataformas de finanzas descentralizadas (DeFi) que permiten otorgar préstamos, pedir prestado y generar rendimiento hasta mercados de tokens no fungibles (NFT) que revolucionan la propiedad digital de arte, música y objetos de colección.

Sin embargo, Ethereum ha enfrentado desafíos, en particular con la escalabilidad y las altas tarifas de transacción durante el uso pico. Para abordar estos problemas, Ethereum está pasando de un mecanismo de consenso de prueba de trabajo (PoW) a un mecanismo de prueba de participación (PoS) más eficiente energéticamente a través de la actualización Ethereum 2.0. El cambio a PoS tiene como objetivo mejorar la escalabilidad y minimizar el impacto ambiental relacionado con la minería.

Ripple (XRP), fundada en 2012 por Ripple Labs, se centra en transformar las transacciones transfronterizas mediante la creación de una red de pagos global rápida, eficiente y de bajo costo. A diferencia de los sistemas blockchain tradicionales, Ripple emplea el algoritmo de consenso del protocolo Ripple (RPCA), que no depende de la minería con uso intensivo de recursos. Esto permite que la red Ripple liquide transacciones rápidamente y reduce significativamente los costos de transacción.

XRP es la criptomoneda que se diseñó originalmente para su uso en la red Ripple y sirve como moneda puente, lo que permite una conversión fluida entre diferentes monedas fiduciarias. Esta característica facilita transacciones transfronterizas en tiempo real que pueden liquidarse en segundos, lo que la convierte en una opción atractiva para instituciones financieras y servicios de remesas que buscan transferencias internacionales más rápidas y rentables.

La asociación de Ripple con varias instituciones financieras ha contribuido a su adopción en el sector financiero tradicional. Su potencial para agilizar los pagos transfronterizos y aumentar la liquidez ha despertado un interés significativo por parte de bancos y proveedores de pagos de todo el mundo.

Charlie Lee presentó Litecoin (LTC) al mundo en 2011, y con frecuencia se lo llama "la plata del oro de Bitcoin". Como una de las primeras bifurcaciones de Bitcoin, Litecoin comparte muchas similitudes con su predecesor, pero también introduce algunas diferencias clave.

Una de las características notables de Litecoin es el uso del algoritmo hash Scrypt, que permite una generación de bloques más rápida en comparación con el algoritmo PoW de Bitcoin. Esto da como resultado tiempos de confirmación de bloque más cortos, lo que hace que Litecoin sea el preferido para transacciones más pequeñas del día a día.

Litecoin se posiciona como un activo complementario de Bitcoin en lugar de un competidor directo. Debido a su velocidad de transacción más rápida y tarifas de transacción reducidas, es muy adecuado tanto para servir como método de intercambio como para realizar microtransacciones. Si bien Bitcoin a menudo se considera una reserva de valor u oro digital, Litecoin tiene como objetivo proporcionar un medio de intercambio más eficiente y rentable.

Cardano (ADA), fundada por Charles Hoskinson, uno de los cofundadores de Ethereum, es una plataforma blockchain impulsada por el desarrollo impulsado por la investigación y el rigor académico. La plataforma se centra en la escalabilidad, la sostenibilidad y la interoperabilidad, con el objetivo de abordar las limitaciones que enfrentan muchos proyectos blockchain existentes.

El mecanismo de consenso de Cardano se basa en la Prueba de participación (PoS), que permite a los titulares de ADA participar en el proceso de consenso y gobernanza de la red. Este enfoque PoS pretende ser más eficiente energéticamente y sostenible en comparación con los sistemas PoW tradicionales.

La plataforma Cardano está diseñada con una arquitectura en capas, separando las capas de liquidación y computación. Este diseño mejora la flexibilidad y la interoperabilidad de la plataforma con otras cadenas de bloques. Permite una comunicación fluida con diferentes sistemas, facilitando la integración de la tecnología blockchain en diversas industrias.

Polkadot (DOT), fundada por el Dr. Gavin Wood, es una plataforma blockchain de múltiples cadenas que enfatiza la interoperabilidad entre blockchains. La plataforma visualiza un ecosistema descentralizado donde las blockchains pueden comunicarse y compartir información, superando la fragmentación presente en el espacio blockchain.

El enfoque innovador de Polkadot implica el uso de paracaídas, que son cadenas de bloques independientes que se conectan a la cadena de retransmisión principal de Polkadot. La adaptabilidad y escalabilidad de la red se mejora gracias al uso de estas paracaídas, que posibilitan la comunicación segura y la interoperabilidad entre cadenas.

La visión de Polkadot se extiende al concepto de Web3, una Internet descentralizada y conectada donde las aplicaciones y los servicios interactúan sin problemas a escala global. Polkadot tiene como objetivo crear un ecosistema blockchain más integrado e interconectado proporcionando un marco para la interoperabilidad.
Las principales altcoins del mercado, incluidas Ethereum, Ripple, Litecoin, Cardano y Polkadot, han aportado una innovación significativa al espacio blockchain. La introducción de contratos inteligentes por parte de Ethereum ha allanado el camino para un ecosistema próspero de aplicaciones descentralizadas. El enfoque de

Ripple en los pagos transfronterizos ha ganado fuerza en el sector financiero. El énfasis de Litecoin en la velocidad y las bajas tarifas de transacción lo ha posicionado como un medio de intercambio. El compromiso de Cardano con el desarrollo impulsado por la investigación ha impulsado avances en sostenibilidad y escalabilidad. El enfoque de Polkadot hacia la interoperabilidad tiene el potencial de conectar el panorama fragmentado de blockchain.

A medida que la industria de las criptomonedas continúa desarrollándose, estas importantes altcoins y otras similares están bien posicionadas para desempeñar un papel importante en la determinación del curso de las finanzas digitales junto con la tecnología blockchain en los próximos años. Cada altcoin aporta su conjunto único de características y casos de uso, lo que contribuye a una adopción y reconocimiento más amplios de las criptomonedas como una fuerza transformadora en el ecosistema financiero global. A medida que los inversores, desarrolladores y entusiastas navegan por este panorama en constante evolución, comprender las fortalezas y debilidades de las principales altcoins es crucial para tomar decisiones informadas y aprovechar todo el potencial de la tecnología blockchain.

Valoración de altcoins y tendencias del mercado

El mercado de las criptomonedas ha experimentado un crecimiento exponencial desde la llegada de Bitcoin. Con el auge de Bitcoin, surgió una serie de activos digitales alternativos, conocidos colectivamente como altcoins, que ofrecen diversas oportunidades de inversión. Sin embargo, comprender la valoración de las altcoins e interpretar las tendencias del mercado es esencial para tomar decisiones de inversión informadas. Esta sección explorará los factores que influyen en la valoración de las altcoins, profundizará en las metodologías de valoración y analizará las tendencias del mercado que afectan el rendimiento de las altcoins. A medida que evoluciona el mercado de las criptomonedas, comprender las complejidades de la valoración de las altcoins y la dinámica del mercado se vuelve fundamental para navegar en este panorama dinámico.

Varios factores fundamentales y relacionados con el mercado influyen en la valoración de las altcoins. Comprender estos elementos clave es crucial para comprender las fuerzas que impulsan los precios de las altcoins.

La tecnología subyacente y el caso de uso de una altcoin son factores críticos de su valoración. Las altcoins que introducen tecnologías innovadoras, como contratos inteligentes, funciones de privacidad o soluciones de escalabilidad, tienden a atraer atención e inversiones significativas. De manera similar, las altcoins que sirven para casos de uso práctico, como facilitar transacciones transfronterizas o proporcionar soluciones de finanzas descentralizadas (DeFi), tienden a generar demanda y apoyo en el mercado.

La demanda del mercado y la liquidez son fundamentales para determinar la valoración de una altcoin. Una mayor demanda y volúmenes de negociación generalmente conducen a una mayor liquidez y estabilidad de precios. Las altcoins con comunidades activas, una sólida adopción por parte de los usuarios y cotizaciones en bolsas generalizadas tienden a tener una mayor liquidez, lo que facilita a los inversores comprar o vender sus participaciones sin afectar significativamente los precios.

La competencia y reputación del equipo de desarrollo son factores fundamentales en la valoración de altcoins. Un equipo sólido con una trayectoria comprobada puede infundir confianza en los inversores y fomentar la confianza en la viabilidad a largo plazo del proyecto. Las actualizaciones periódicas, la participación de la comunidad y el desarrollo continuo indican el compromiso de un proyecto con el progreso y la innovación.

El entorno regulatorio afecta significativamente la valoración de las altcoins. Las regulaciones favorables pueden mejorar el sentimiento del mercado y atraer inversionistas institucionales, mientras que las regulaciones inciertas o restrictivas pueden frenar el entusiasmo y obstaculizar las perspectivas de crecimiento. La claridad y estabilidad del panorama regulatorio influyen en el riesgo percibido de una altcoin y su potencial para su adopción masiva.

El sentimiento del mercado y la psicología de los inversores influyen en gran medida en los precios de las altcoins. Las noticias positivas, las asociaciones o los respaldos pueden desencadenar tendencias alcistas, lo que eleva los precios. Por el contrario, las noticias o eventos negativos pueden provocar correcciones en el mercado y tendencias bajistas. Monitorear y comprender el sentimiento del mercado es crucial para evaluar posibles movimientos de precios.

Se emplean varias metodologías para evaluar el valor de las altcoins. Cada enfoque proporciona información única sobre el valor intrínseco de una altcoin y las perspectivas de crecimiento potencial.

El análisis fundamental evalúa los fundamentos subyacentes de una altcoin, incluida la tecnología, el caso de uso, el equipo, el apoyo de la comunidad y la demanda del mercado. Este método evalúa si una altcoin está infravalorada o sobrevalorada en comparación con su verdadero valor. Los analistas fundamentales también consideran factores como el mercado total direccionable (TAM), el panorama competitivo y las proyecciones de crecimiento para estimar el potencial a largo plazo de una altcoin.

El análisis técnico se basa en datos históricos de precios y volumen de operaciones para identificar patrones y tendencias. Los comerciantes utilizan varias herramientas gráficas e indicadores técnicos para predecir movimientos futuros de precios. Si bien el análisis técnico no considera los fundamentos subyacentes de una altcoin, proporciona información valiosa sobre el sentimiento del mercado a corto plazo, así como posibles puntos de entrada o salida para los comerciantes.

Examinar las métricas de la red y los datos en cadena puede ofrecer información sobre el estado y la actividad de la cadena de bloques de una altcoin. Métricas como direcciones activas, volumen de transacciones y actividades mineras indican el uso de la red y la participación de los usuarios. Una red sólida y activa generalmente sugiere una altcoin saludable y próspera.

La tokenómica de una altcoin, incluida su oferta total, tasa de inflación y distribución, puede influir en su valor. Una oferta limitada, una inflación controlada y una distribución equitativa pueden conducir a un aumento del valor impulsado por la escasez. Por otro lado, una oferta excesiva de tokens o una distribución desigual pueden provocar una depreciación con el tiempo.

El dominio de Bitcoin en el mercado de las criptomonedas a menudo influye en el rendimiento de las altcoins. Cuando Bitcoin experimenta movimientos de precios significativos, las altcoins tienden a seguir su ejemplo, aunque con distintos grados de correlación. Durante las tendencias alcistas, las altcoins pueden superar a Bitcoin, mientras que las tendencias bajistas pueden provocar una caída en los precios de las altcoins.

El mercado de las criptomonedas es cíclico y se caracteriza por períodos alternos de repuntes alcistas y correcciones bajistas. Durante las "temporadas de altcoins", los inversores se centran en las altcoins, lo que genera una mayor demanda y un aumento de los precios. Por el contrario, en los períodos de "dominio de Bitcoin" los inversores acuden en masa a la estabilidad de Bitcoin, lo que resulta en una disminución de la demanda de altcoins.

Los acontecimientos noticiosos importantes, como novedades regulatorias, actualizaciones tecnológicas, asociaciones o violaciones de seguridad, pueden afectar significativamente los precios de las altcoins. Las noticias positivas pueden generar FOMO (miedo a perderse algo) entre los inversores, lo que provoca aumentos de precios. Las noticias negativas, por otro lado, pueden desencadenar ventas de pánico y caídas del mercado.

El auge de las finanzas descentralizadas (DeFi) y los tokens no fungibles (NFT) ha influido sustancialmente en la valoración de las altcoins. Los proyectos DeFi que ofrecen servicios financieros innovadores en plataformas blockchain han atraído inversiones sustanciales. Las NFT, que permiten una propiedad digital única, han impulsado la demanda de altcoins específicas que impulsan los mercados de NFT.

El sentimiento del mercado, impulsado por las emociones humanas, puede influir inesperadamente en el mercado de las criptomonedas. El miedo, la incertidumbre y la duda (FUD) pueden provocar liquidaciones y provocar caídas de precios. Por el contrario, las noticias positivas y el sentimiento optimista pueden provocar aumentos de precios, impulsados por FOMO. Comprender y evaluar el sentimiento del mercado es crucial para los comerciantes e inversores que buscan capitalizar los movimientos de precios a corto plazo.

La valoración de Altcoin es un proceso complejo influenciado por varios factores, incluida la tecnología, la demanda del mercado, la competencia del equipo y el sentimiento del mercado. El análisis fundamental y técnico, las métricas de red y la tokenómica se encuentran entre las metodologías utilizadas para evaluar el valor de las altcoins. Las tendencias del mercado, como el dominio de Bitcoin, las temporadas de altcoins, los principales eventos noticiosos y las tendencias de DeFi/NFT, impactan significativamente los precios de las altcoins.

A medida que evoluciona el mercado de las criptomonedas, mantenerse informado sobre las técnicas de valoración y las tendencias del mercado es crucial para navegar en este panorama dinámico y en constante cambio. Los inversores y comerciantes deben realizar investigaciones exhaustivas, monitorear el sentimiento del mercado y permanecer atentos al evaluar las oportunidades y riesgos de las altcoins. Al dotarse de una comprensión integral de la valoración de las altcoins y las tendencias del mercado, las partes interesadas pueden tomar decisiones bien informadas en la búsqueda del éxito en el apasionante mundo de las criptomonedas.

Riesgos y beneficios de invertir en Altcoins

El mercado de las criptomonedas ha experimentado una expansión sustancial en los últimos años, lo que ha llevado a la aparición de una gran cantidad de activos digitales alternativos, denominados colectivamente altcoins. Hoy en día, cuando los inversores buscan formas de diversificar sus tenencias y aprovechar la promesa de la tecnología blockchain, las altcoins ofrecen una opción de inversión atractiva que va más allá del ámbito del bien establecido Bitcoin. Sin embargo, el atractivo de los altos rendimientos conlleva riesgos y desafíos inherentes. Esta sección explora los riesgos y beneficios de invertir en altcoins, arrojando luz sobre las posibles recompensas y las precauciones que los inversores deben tomar en este mercado dinámico y a menudo volátil.

Uno de los principales beneficios de invertir en altcoins es la diversificación de la cartera. Al poseer varios activos digitales, los inversores reducen su exposición a los riesgos asociados con las criptomonedas individuales o el mercado en general. Las altcoins suelen tener diferentes casos de uso y sirven a industrias distintas, proporcionando una protección contra la volatilidad del mercado y posibles crisis.

Se sabe que las altcoins experimentan rápidos aumentos de precios, lo que ofrece el potencial de obtener importantes retornos de la inversión. En algunos casos, los primeros inversores han sido testigos de un crecimiento exponencial en el valor de ciertas altcoins, superando con creces a los activos de inversión tradicionales. Este alto potencial de ganancias atrae a inversores tolerantes al riesgo que buscan alfa en el mercado.

Las altcoins a menudo introducen tecnologías y soluciones innovadoras en el espacio blockchain. Estos avances pueden abordar los desafíos existentes que enfrentan las criptomonedas, como la escalabilidad, la privacidad o la velocidad de las transacciones. Al invertir en proyectos pioneros en innovaciones tecnológicas, los inversores pueden apoyar y beneficiarse del crecimiento de las aplicaciones blockchain de vanguardia.

Algunas altcoins se encuentran en las primeras etapas de desarrollo, lo que presenta la oportunidad de invertir en proyectos con fundamentos prometedores y un potencial de crecimiento sustancial. La inversión temprana en tales proyectos, a menudo durante las Ofertas Iniciales de Monedas (ICO) o ventas de tokens, permite a los inversores obtener tokens a precios más bajos y beneficiarse de una futura apreciación de los precios.

Las altcoins suelen atender a industrias o sectores específicos, como las finanzas descentralizadas (DeFi), los tokens no fungibles (NFT) o la gestión de la cadena de suministro. Al invertir en altcoins asociadas con sectores emergentes, los inversores pueden capitalizar el crecimiento de industrias revolucionadas por la tecnología blockchain.

El mercado de las criptomonedas es notoriamente impredecible debido a su naturaleza descentralizada. Las altcoins, en particular aquellas con menor capitalización de mercado, son susceptibles de experimentar cambios sustanciales de precios en breves períodos de tiempo. Esta volatilidad no sólo pone a los inversores en peligro de sufrir grandes pérdidas, sino que también abre la puerta a la posibilidad de obtener recompensas sustanciales.

El mercado de las criptomonedas sigue sin estar regulado en gran medida en muchas jurisdicciones. La ausencia de supervisión regulatoria puede exponer a los inversores a fraudes, estafas y violaciones de seguridad. Los proyectos con medidas de seguridad débiles pueden ser vulnerables a la piratería, lo que provoca la pérdida de fondos.

Algunos proyectos de altcoins carecen de transparencia con respecto a su progreso de desarrollo, finanzas o credenciales de equipo. Esta asimetría de información puede dificultar que los inversores tomen decisiones bien informadas, lo que lleva a posibles inversiones en proyectos menos viables o fraudulentos.

A diferencia de los fundamentos subyacentes, las altcoins suelen estar impulsadas por el comercio especulativo y el sentimiento del mercado. El comportamiento especulativo puede provocar burbujas de precios, lo que lleva a niveles de precios insostenibles que eventualmente pueden colapsar. Depender de la especulación puede exponer a los inversores al riesgo de sufrir pérdidas importantes.

Muchas altcoins, especialmente aquellas con menor capitalización de mercado, sufren de iliquidez, lo que significa que los volúmenes de negociación son relativamente bajos. Esta falta de liquidez puede provocar un deslizamiento grave, que se produce cuando el precio real al que se presenta una operación difiere del precio esperado del contrato. También puede resultar difícil para los inversores entrar y salir de posiciones a los precios que prefieren si no hay suficiente liquidez en el mercado.

Realizar una investigación y un análisis exhaustivos es esencial antes de invertir en cualquier altcoin. Los inversores deben evaluar exhaustivamente la tecnología, el caso de uso, el equipo, el apoyo de la comunidad y las finanzas del proyecto. Verificar la legitimidad y credibilidad de las afirmaciones del proyecto es crucial para mitigar los riesgos potenciales.

Diversificar las inversiones en múltiples altcoins puede ayudar a distribuir el riesgo y reducir la exposición al desempeño de los activos individuales. Una gestión adecuada del riesgo, como establecer órdenes de limitación de pérdidas o tomar ganancias estratégicamente, puede proteger a los inversores de pérdidas excesivas en mercados altamente volátiles.

Evaluar la competencia y el historial del equipo de desarrollo de altcoins es vital. La transparencia sobre el progreso, las actualizaciones y las asociaciones del proyecto también es indicativa de un proyecto creíble y digno de confianza. Los proyectos que no proporcionan información adecuada pueden generar señales de alerta para los inversores potenciales.

Los inversores deben mantenerse informados sobre el sentimiento y las tendencias del mercado para identificar posibles puntos de entrada o salida. Sin embargo, tomar decisiones de inversión basándose únicamente en el sentimiento del mercado a corto plazo puede resultar arriesgado, por lo que es fundamental adoptar un enfoque equilibrado.

La seguridad es primordial en el espacio de las criptomonedas. Los inversores deben utilizar carteras seguras y emplear estrategias de seguridad sólidas, como almacenamiento en frío y autenticación de dos factores (2FA), para proteger sus tenencias de altcoins contra robos o piratería.

Invertir en altcoins ofrece tanto beneficios como riesgos. La diversificación de la cartera, el potencial de altos rendimientos, la innovación tecnológica, las oportunidades de inversión temprana y la participación en sectores emergentes son algunos de los beneficios clave que atraen a los inversores al mercado de altcoins. Sin embargo, la volatilidad del mercado, la falta de regulación, las preocupaciones por la seguridad, la especulación y la iliquidez se encuentran entre los riesgos que los inversores deben afrontar con cautela.

La debida diligencia, la investigación exhaustiva y la gestión de riesgos son esenciales para mitigar los riesgos. Comprender las tendencias del mercado, mantenerse informado sobre los avances en el espacio de las criptomonedas y asegurar las inversiones con sólidas medidas de seguridad son pasos cruciales para tomar decisiones informadas como inversor en altcoins. Los inversores pueden posicionarse mejor para tener éxito en el mundo en constante evolución de las altcoins adoptando un enfoque equilibrado hacia la inversión y examinando minuciosamente los posibles riesgos y recompensas de sus inversiones.

CAPÍTULO II

El mundo de las ofertas iniciales de monedas (ICO)

¿Qué es una ICO?

La aparición de la tecnología blockchain y las criptomonedas ha revolucionado diversas industrias, incluidas las finanzas, la cadena de suministro y la identidad digital. Una de las innovaciones más significativas resultantes de esta tecnología es el concepto de Oferta Inicial de Monedas (ICO). Una ICO es un mecanismo de financiación colectiva utilizado por proyectos blockchain para recaudar fondos para desarrollar e implementar sus plataformas y servicios descentralizados. En esta sección titulada "¿Qué es una ICO?", profundizaremos en los conceptos básicos de las ICO, sus principios subyacentes, el proceso de las ICO y las recompensas y riesgos asociados con la participación en las ICO.

Una Oferta Inicial de Monedas, también conocida como ICO, es un medio de recaudación de fondos para proyectos basados en blockchain. En lugar de métodos de financiación tradicionales como capital de riesgo o préstamos bancarios, las ICO permiten que los proyectos obtengan capital directamente del público, lo que se logra mediante la emisión y venta de tokens digitales. Estos tokens se crean en una plataforma blockchain y representan activos o utilidad dentro del ecosistema del proyecto. Los tokens ICO pueden tener varios propósitos, como brindar acceso a un determinado producto o servicio, representar la propiedad del proyecto o servir como medio de intercambio dentro de la plataforma. Los inversores que participan en una ICO suelen utilizar criptomonedas establecidas como Bitcoin o Ethereum para comprar estos tokens recién emitidos.

El proceso de ICO comienza con la conceptualización de un proyecto basado en blockchain. El equipo del proyecto identifica un problema o ineficiencia dentro de una industria en particular y propone una solución descentralizada utilizando la tecnología blockchain. El equipo describe los objetivos del proyecto, los posibles casos de uso y el valor que pretende crear para sus usuarios y la comunidad en general. Una vez elaborado el documento técnico, el equipo del proyecto procede a crear los tokens nativos que se ofrecerán a los inversores durante la ICO. Estos tokens generalmente se construyen sobre una plataforma blockchain existente que admite contratos inteligentes, como Ethereum. Los contratos inteligentes facilitan la emisión y distribución de tokens, asegurando un proceso transparente y automatizado.

Antes de lanzar el evento principal de la ICO, algunos proyectos llevan a cabo actividades previas a la ICO para generar interés y financiación. Estas actividades pueden incluir ventas privadas, preventas o asociaciones con inversores estratégicos. Las actividades previas a la ICO permiten que los proyectos obtengan financiación inicial y creen una comunidad de apoyo en torno al proyecto. El lanzamiento oficial de la ICO es la culminación del proceso de recaudación de fondos. El equipo del proyecto establece una fecha y hora específicas para que comience la venta del token. Durante la ICO, los inversores pueden enviar sus criptomonedas a una dirección de billetera designada a cambio de los tokens del proyecto. La venta de tokens ICO suele tener una duración específica o hasta que se alcanza un límite de financiación predeterminado.

Tras la conclusión de la ICO, el equipo del proyecto distribuye los tokens comprados a los inversores en función de sus contribuciones. La distribución adecuada y oportuna de tokens es esencial para mantener la confianza de los inversores en el proyecto. Después de la distribución, el equipo del proyecto se centra en conseguir que los tokens se incluyan en varios intercambios de criptomonedas. La cotización en bolsas proporciona liquidez y facilita el comercio de tokens entre los inversores.

Las ICO han democratizado el proceso de recaudación de fondos, permitiendo que los proyectos accedan al capital de una audiencia global. Esta accesibilidad ha permitido que proyectos de diversos orígenes y geografías compitan e innoven en igualdad de condiciones. Los participantes de ICO tienen la oportunidad de convertirse en los primeros en adoptar tecnologías y plataformas innovadoras. Los primeros usuarios suelen recibir incentivos, como descuentos en compras de tokens o acceso exclusivo a las funciones de la plataforma. Los proyectos ICO exitosos que ganan terreno y logran sus objetivos pueden experimentar una apreciación significativa en el valor simbólico. Los primeros inversores pueden potencialmente obtener rendimientos sustanciales de la inversión si el proyecto tiene éxito.

La falta de un marco regulatorio estandarizado ha sido una preocupación importante en el espacio de las ICO. Si bien algunas jurisdicciones han implementado regulaciones para proteger a los inversores, muchas ICO siguen sin estar reguladas, lo que expone a los inversores a posibles riesgos, estafas y proyectos fraudulentos. El mercado de las criptomonedas es conocido por su volatilidad y rápidas fluctuaciones de precios. El valor de los tokens ICO puede verse influenciado por el sentimiento y la especulación del mercado, lo que genera volatilidad de precios y posibles pérdidas para los inversores. No todos los proyectos de ICO logran alcanzar los objetivos establecidos. Algunos proyectos pueden carecer de una ejecución adecuada, no cumplir sus promesas o enfrentar desafíos imprevistos, lo que podría hacer perder fondos a los inversionistas.

El concepto de Ofertas Iniciales de Monedas ha transformado la forma en que los proyectos blockchain recaudan fondos y ha permitido que ideas innovadoras se materialicen en soluciones del mundo real. Las ICO pueden potencialmente democratizar el acceso al capital, permitiendo que proyectos de todos los rincones del mundo compitan y prosperen. Sin embargo, el espacio de las ICO no está exento de riesgos y los inversores deben actuar con cautela y realizar la debida diligencia antes de participar en cualquier venta de tokens. A medida que evoluciona el ecosistema de ICO, los creadores de proyectos e inversores deben navegar por el panorama de manera responsable, promoviendo la transparencia y adhiriéndose a las mejores prácticas. Al lograr el equilibrio adecuado entre innovación y regulación, las ICO pueden seguir siendo una fuerza impulsora en la configuración del futuro de la tecnología descentralizada y las finanzas digitales.

El surgimiento de las ICO ha revolucionado el panorama de la recaudación de fondos, permitiendo que los proyectos basados en blockchain accedan al capital global y creen soluciones innovadoras. Las ICO ofrecen una oportunidad única para que los inversores en etapa inicial participen en el crecimiento de tecnologías y plataformas de vanguardia. Sin embargo, el espacio de las ICO también presenta desafíos, incluidas incertidumbres regulatorias y riesgos potenciales para los inversores. La participación responsable en las ICO requiere una investigación exhaustiva, la debida diligencia y la comprensión de los fundamentos del proyecto. A medida que evoluciona la industria blockchain, las ICO probablemente desempeñarán un papel importante en la configuración del futuro de las finanzas, la tecnología y las aplicaciones descentralizadas.

Proceso y regulaciones de ICO

La Oferta Inicial de Monedas (ICO), que cambió el panorama de la recaudación de fondos, proporcionó un enfoque novedoso para que las empresas basadas en blockchain recibieran fondos de un grupo internacional de inversores. Esto convirtió a la ICO en un avance importante en el panorama de la recaudación de fondos. Las ICO permitieron a los participantes participar en la financiación en las primeras etapas al brindar a las empresas la capacidad de emitir sus tokens digitales a cambio de criptomonedas como Bitcoin o Ethereum. Sin embargo, el rápido crecimiento del mercado de ICO también trajo desafíos regulatorios y preocupaciones sobre la protección de los inversores. En esta sección, titulada "Proceso y regulaciones de las ICO", exploraremos el proceso de las ICO, desde el inicio de una idea hasta el evento de recaudación de fondos real, y examinaremos el panorama regulatorio en evolución que rige las ICO. Comprender el proceso de ICO y los marcos regulatorios es esencial para que tanto los creadores de proyectos como los inversores naveguen de manera responsable en este espacio dinámico y transformador.

El proceso de ICO generalmente comienza con la conceptualización de un proyecto basado en blockchain. Los creadores del proyecto identifican un problema que pretenden resolver o una necesidad que desean abordar dentro del ecosistema descentralizado. Describen la visión del proyecto, el caso de uso y los beneficios potenciales para los usuarios e inversores.

Una vez que se solidifique el concepto del proyecto, el equipo de desarrollo comenzará a trabajar en los aspectos técnicos del proyecto, incluida la infraestructura blockchain subyacente, el desarrollo de contratos inteligentes y otras características relevantes.

El documento técnico es un documento completo que sirve como modelo informativo del proyecto. Describe los objetivos, la tecnología, la tokenómica, los casos de uso y los miembros del equipo del proyecto. El documento técnico tiene como objetivo proporcionar a los inversores potenciales una comprensión clara de los objetivos del proyecto y la propuesta de valor de su token nativo.

Un documento técnico bien elaborado es esencial para atraer inversores y generar confianza en el proyecto. Debe ser transparente, detallado y abordar los riesgos y desafíos potenciales.

Una vez implementada la arquitectura técnica del proyecto, el equipo de desarrollo crea los tokens nativos del proyecto. Estos tokens a menudo se crean en plataformas blockchain existentes, como Ethereum (tokens ERC-20), Binance Smart Chain (tokens BEP-20) u otras que admiten la funcionalidad de contrato inteligente.

El contrato inteligente explica las reglas y condiciones que rigen la venta y distribución de tokens. Automatiza el proceso de emisión de tokens y garantiza transacciones seguras y transparentes durante el evento ICO.

Algunos proyectos llevan a cabo actividades previas a la ICO antes de lanzar el evento principal de la ICO para generar interés y financiación anticipados. Los eventos previos a la ICO pueden incluir ventas privadas, preventas o asociaciones estratégicas con inversores institucionales.

Las actividades previas a la ICO proporcionan un medio para que los proyectos aseguren la financiación inicial y construyan una comunidad de apoyo en torno al proyecto antes del lanzamiento público de la ICO.

El lanzamiento de la ICO marca el comienzo del evento oficial de recaudación de fondos. El equipo del proyecto establece una fecha y hora específicas para que comience la venta de tokens, y los inversores pueden participar enviando criptomonedas a una dirección de billetera designada a cambio de los tokens del proyecto.

Durante la ICO, los inversores reciben los tokens nativos del proyecto en función de la cantidad de criptomonedas que aportan. El equipo del proyecto establece un tipo de cambio predeterminado entre la criptomoneda aportada y los tokens nativos.

Una vez finalizada la ICO, el equipo del proyecto distribuye los tokens comprados a los inversores en función de sus contribuciones. El equipo debe cumplir con el proceso de distribución con prontitud y transparencia para preservar la confianza y credibilidad ante la comunidad.

Después de la distribución de los tokens, el equipo del proyecto trabaja para que los tokens se incluyan en los intercambios de criptomonedas para facilitar el comercio y la liquidez. Una cotización exitosa en intercambios acreditados puede aumentar la exposición y accesibilidad del token a una audiencia más amplia.

La rápida proliferación de las ICO generó preocupación entre los reguladores de todo el mundo. Muchas ICO carecían de transparencia; algunos eran estafas absolutas o esquemas Ponzi, lo que provocaba importantes pérdidas financieras para los inversores. La ausencia de un marco regulatorio estandarizado también permitió que actores fraudulentos explotaran la naturaleza no regulada del mercado de ICO.

En respuesta a los desafíos que planteaban las ICO, los organismos reguladores de varias jurisdicciones comenzaron a abordar la necesidad de protección de los inversores y la integridad del mercado. Las autoridades reguladoras buscaron lograr un equilibrio entre fomentar la innovación y proteger a los inversores de riesgos potenciales.

Países como Estados Unidos, Canadá y muchas naciones europeas han adoptado un enfoque cauteloso, considerando las ICO como ofertas de valores y sometiéndolas a las regulaciones de valores existentes. Esta clasificación desencadena el cumplimiento de requisitos de registro, divulgación y medidas de protección al inversor.

Otros países, como Suiza y Singapur, han optado por un enfoque más complaciente, introduciendo regulaciones específicas de ICO que ofrecen claridad legal tanto a los proyectos como a los inversores. Estos marcos tienen como objetivo fomentar la innovación blockchain y al mismo tiempo mitigar los riesgos.

Las regulaciones claras y bien definidas pueden proporcionar numerosos beneficios al ecosistema de ICO: Las regulaciones pueden proteger a los inversores de esquemas fraudulentos, estafas y prácticas engañosas. El cumplimiento de las medidas de protección de los inversores mejora la confianza en el mercado de ICO.

Las regulaciones promueven la transparencia y las prácticas justas, contribuyendo a la integridad del mercado de ICO. Los requisitos de divulgación estandarizados ayudan a los inversores a tomar decisiones informadas.

El público y los inversores potenciales perciben los proyectos ICO que cumplen con las regulaciones como más legítimos y creíbles. El cumplimiento puede atraer inversores institucionales y asociaciones estratégicas. Los proyectos de ICO que se adhieren a marcos regulatorios en múltiples jurisdicciones pueden obtener una mayor aceptación y participación de una audiencia global.

Los marcos regulatorios a menudo clasifican los tokens en diferentes tipos, como tokens de utilidad y tokens de seguridad. La clasificación de tokens tiene implicaciones legales y operativas para los proyectos, afectando los métodos de recaudación de fondos y la participación de los inversores.

Es posible que los proyectos que pretendan realizar ICO como ofertas de valores deban registrarse ante los organismos reguladores pertinentes y cumplir con los requisitos de divulgación. Cumplir con las leyes de valores es fundamental para evitar sanciones legales y financieras.

El cumplimiento normativo a menudo implica la implementación de medidas KYC y AML para verificar las identidades de los inversores y garantizar el cumplimiento de las leyes contra el lavado de dinero. Verificar adecuadamente las identidades de los inversores puede contribuir a un ecosistema más seguro y regulado.

Algunas jurisdicciones exigen que los inversores de ICO cumplan con ciertos umbrales de ingresos o patrimonio neto para realizar ventas de tokens. Estos requisitos de acreditación tienen como objetivo proteger a los inversores menos sofisticados de inversiones de mayor riesgo.

Los marcos regulatorios pueden limitar la cantidad de fondos recaudados a través de las ICO para proteger a los inversores minoristas de una exposición excesiva al riesgo.

Para navegar por el complejo panorama regulatorio, los creadores de proyectos deben buscar asesoramiento legal de profesionales con experiencia en regulaciones de blockchain y criptomonedas. Los expertos legales pueden brindar orientación sobre el cumplimiento normativo y ayudar a estructurar las ICO para alinearse con requisitos jurisdiccionales específicos.

Los proyectos deben priorizar la transparencia y la divulgación detallada de información a los inversores potenciales. Proporcionar información completa en el documento técnico del proyecto y adherirse a las mejores prácticas en comunicación puede mejorar la confianza.

La implementación de procedimientos sólidos de KYC y AML es crucial para que los proyectos de ICO prevengan actividades fraudulentas y garanticen el cumplimiento de las leyes contra el lavado de dinero. Verificar adecuadamente las identidades de los inversores puede contribuir a un ecosistema más seguro y regulado.

Los proyectos con una visión global deben considerar el panorama regulatorio en múltiples jurisdicciones y desarrollar una estrategia que se alinee con los requisitos legales de los mercados objetivo. La contratación de asesores legales locales puede proporcionar información sobre matices jurisdiccionales específicos.

El proceso de ICO ha revolucionado la recaudación de fondos en la industria blockchain, permitiendo que proyectos innovadores accedan al capital global. Sin embargo, el rápido crecimiento del mercado de ICO también trajo desafíos regulatorios y preocupaciones sobre la protección de los inversores. Comprender el proceso de ICO, desde la conceptualización del proyecto hasta el cumplimiento normativo, es esencial para que tanto los creadores de proyectos como los inversores naveguen de manera responsable en este espacio dinámico y transformador. Al adoptar el cumplimiento normativo, fomentar la transparencia y adherirse a las mejores prácticas, las ICO pueden seguir sirviendo como una potente herramienta para impulsar la innovación y potenciar proyectos para dar forma responsablemente al futuro de la economía descentralizada.

Historias de éxito y fracasos de las ICO

La aparición de las Ofertas Iniciales de Monedas (ICO) ha transformado el panorama de la recaudación de fondos, ofreciendo un nuevo paradigma para que los emprendedores y las nuevas empresas obtengan capital. Las ICO permitieron a los creadores de proyectos emitir sus propios tokens y recaudar fondos de una audiencia global, revolucionando el modelo tradicional de financiación colectiva. Sin embargo, con el tremendo crecimiento del mercado de ICO surgieron historias de éxito y fracasos. En esta sección, titulada "Historias de éxito y fracasos de las ICO", exploraremos algunos de los casos más notables de ICO exitosas que han remodelado la industria blockchain y examinaremos historias de advertencia sobre fracasos que subrayan la importancia de realizar la debida diligencia y la inversión responsable.

Posiblemente la historia de éxito más importante en la historia de las ICO, la ICO de Ethereum recaudó más de $18 millones en 2014. El proyecto, dirigido por Vitalik Buterin y un equipo de desarrolladores talentosos, introdujo el concepto de contratos inteligentes y aplicaciones descentralizadas (dApps). La plataforma robusta y flexible de Ethereum allanó el camino para una nueva ola de innovación en el espacio blockchain, dando lugar a DeFi, NFT y muchos otros proyectos.

Binance, uno de los intercambios de criptomonedas más grandes del mundo, realizó su ICO en 2017 y recaudó 15 millones de dólares. BNB, el token nativo del intercambio Binance, se ha convertido en una parte fundamental del ecosistema de la plataforma. Los usuarios pueden beneficiarse de tarifas comerciales reducidas, participar en ventas de tokens y acceder a varias funciones utilizando BNB. El éxito de la ICO de BNB contribuyó al meteórico ascenso de Binance y lo estableció como un actor destacado en la industria de las criptomonedas.

La ICO de Chainlink en 2017 recaudó aproximadamente 32 millones de dólares. Chainlink tenía como objetivo abordar la cuestión crítica de las entradas de datos confiables y seguras, conocidas como oráculos, para contratos inteligentes. A medida que crecía la demanda de funcionalidad de contrato inteligente, la red Oracle descentralizada de Chainlink obtuvo una adopción generalizada, consolidando su posición como proveedor líder de soluciones Oracle en el ecosistema DeFi.

Cardano, fundada por Charles Hoskinson, llevó a cabo su ICO en 2017, recaudando alrededor de 62 millones de dólares. El proyecto se distinguió por su enfoque científico y revisado por pares para el desarrollo de blockchain. El enfoque de Cardano en la escalabilidad, la interoperabilidad y la sostenibilidad llevó a la creación de una plataforma blockchain sólida y segura, que atrajo a una comunidad dedicada de desarrolladores y entusiastas.

La DAO fue una de las ICO más esperadas en 2016, recaudando más de $150 millones. Sin embargo, rápidamente se convirtió en una advertencia cuando una vulnerabilidad en el código permitió a los piratas informáticos drenar aproximadamente 50 millones de dólares en Ether. El incidente expuso los riesgos asociados con las vulnerabilidades de los contratos inteligentes y destacó la importancia de realizar auditorías exhaustivas y la debida diligencia.

BitConnect prometió a los inversores altos rendimientos a través de un programa de préstamos y apuestas. La ICO y la posterior plataforma de préstamos resultaron ser un esquema Ponzi masivo, que colapsó en 2018 y provocó graves pérdidas financieras para los inversores. La debacle de BitConnect generó conciencia sobre la prevalencia de estafas en el espacio de las ICO y enfatizó la necesidad de que los inversores sean cautelosos y escépticos.

Centra Tech recaudó 32 millones de dólares en su ICO mediante la promoción de una tarjeta de débito de criptomonedas. Sin embargo, la Comisión de Bolsa y Valores (SEC) de EE. UU. acusó a los fundadores del proyecto de fraude por engañar a los inversores sobre sus asociaciones y productos. El caso sirvió como recordatorio de la importancia del cumplimiento normativo y la transparencia en el espacio de las ICO.

Prodeum era una ICO que prometía revolucionar la industria agrícola. Sin embargo, el proyecto resultó ser una estafa flagrante, ya que su sitio web fue reemplazado abruptamente por una sola palabra, "pene", lo que dejó a los inversores con importantes pérdidas financieras e indignación. El incidente de Prodeum sirvió como un crudo recordatorio de los riesgos de invertir en proyectos no verificados y sin escrúpulos.

Varios elementos clave han contribuido al éxito de ICO notables:

Las ICO exitosas suelen tener un equipo de liderazgo claro y competente que inspira confianza entre los inversores. La comunicación transparente y las actualizaciones periódicas sobre los desarrollos del proyecto son cruciales para obtener y mantener el apoyo de la comunidad.

Las ICO que ofrecen tecnología innovadora y resuelven problemas del mundo real tienen más probabilidades de tener éxito. Los proyectos con casos de uso prácticos y una propuesta de valor clara tienen más probabilidades de atraer inversores y adopción.

Una comunidad fuerte y comprometida juega un papel fundamental en el éxito de una ICO. La participación activa de la comunidad, la retroalimentación y el apoyo pueden fomentar un ecosistema próspero e impulsar el crecimiento del proyecto.

Un marketing eficaz y una economía de tokens bien diseñada pueden generar interés y demanda por los tokens del proyecto. La asignación adecuada de fondos y una utilidad simbólica clara contribuyen a la sostenibilidad del proyecto y al éxito a largo plazo.

Los fracasos en el espacio de las ICO han ofrecido lecciones valiosas a la comunidad blockchain:
Los inversores deben realizar una debida diligencia exhaustiva antes de participar en cualquier ICO. Examinar el documento técnico, el equipo, las asociaciones y la hoja de ruta del proyecto puede ayudar a determinar las señales de alerta y los riesgos potenciales.

Los inversores deben ser escépticos ante las ICO que prometen rendimientos irrealmente altos o utilizan tácticas de marketing agresivas. Los altos rendimientos a menudo conllevan altos riesgos, y los inversores responsables priorizan los fundamentos sólidos sobre las ganancias a corto plazo.

Los proyectos que respetan el cumplimiento normativo y la transparencia tienen más probabilidades de ser legítimos y sostenibles. Los inversores deben priorizar los proyectos que cumplan con las regulaciones locales y demostrar un compromiso con el cumplimiento normativo.

Los inversores deberían evitar tomar decisiones impulsivas impulsadas por el miedo a perder una posible oportunidad de inversión. La inversión responsable implica una cuidadosa consideración del riesgo y la recompensa y alinear las inversiones con objetivos financieros a largo plazo.

El panorama de las ICO ha evolucionado significativamente desde sus inicios. Con un mayor escrutinio regulatorio y la prevalencia de estafas, el modelo ICO ha enfrentado desafíos en los últimos años. Sin embargo, el espíritu de las ICO ha perdurado a través de métodos alternativos de recaudación de fondos como las ofertas de tokens de seguridad (STO) y las ofertas de intercambio inicial (IEO).

Las STO son ofertas reguladas que brindan a los inversores derechos de propiedad legal sobre un activo, combinando los beneficios de los valores tradicionales con la eficiencia de la tecnología blockchain. Las IEO, por otro lado, se llevan a cabo en intercambios de criptomonedas y ofrecen una plataforma de recaudación de fondos accesible y examinada.

Las historias de éxito y fracasos de las ICO ofrecen información valiosa sobre el potencial transformador y los riesgos del crowdfunding basado en blockchain. Las ICO notables han catalizado proyectos innovadores, remodelado industrias e impulsado avances tecnológicos. Al mismo tiempo, las advertencias han expuesto la importancia de la diligencia debida, el cumplimiento normativo y la inversión responsable.

A medida que la industria blockchain continúa evolucionando, las prácticas de inversión responsables e informadas serán cruciales para fomentar un ecosistema próspero y sostenible. Los inversores tienen la capacidad de desempeñar un papel importante en la configuración del futuro de la tecnología blockchain y su influencia en el panorama financiero del mundo al extraer sabiduría de experiencias previas, practicar la vigilancia y brindar apoyo para una innovación genuina. A medida que continúa el viaje de las ICO, adoptemos las lecciones aprendidas y contribuyamos a un futuro responsable y transformador para la innovación blockchain.

Evaluación de proyectos ICO para inversión

El mundo de las criptomonedas y la tecnología blockchain ha sido testigo de un aumento significativo en las Ofertas Iniciales de Monedas (ICO) como medio de recaudación de fondos para proyectos innovadores. Las ICO brindan una oportunidad única para que los inversores participen en la financiación en etapas iniciales y se beneficien del éxito de empresas innovadoras. Sin embargo, con la proliferación de las ICO surge el desafío de evaluar estos proyectos para tomar decisiones de inversión informadas. En esta sección, "Evaluación de proyectos de inversión de ICO", profundizaremos en los factores y metodologías clave que los inversores deben considerar al evaluar las ICO. Al comprender los aspectos críticos de la evaluación de proyectos, los inversores pueden navegar por el panorama de las ICO con confianza y responsabilidad, maximizando el potencial de inversiones exitosas.

Antes de profundizar en el proceso de evaluación, es fundamental comprender los fundamentos de las ICO. Una ICO es un mecanismo de recaudación de fondos en el que un equipo de proyecto emite tokens digitales a inversores a cambio de criptomonedas como Bitcoin o Ethereum. Estos tokens representan derechos de propiedad o acceso a un producto, servicio o plataforma específica que el proyecto pretende desarrollar. Las ICO han ganado una inmensa popularidad debido a su accesibilidad e inclusión, lo que permite que una audiencia global invierta en proyectos de vanguardia. Sin embargo, su naturaleza no regulada también introduce riesgos, lo que hace imprescindible una evaluación exhaustiva para identificar oportunidades prometedoras.

Llevar a cabo una debida diligencia integral es un paso crucial en la evaluación de proyectos de ICO. La debida diligencia implica recopilar y analizar información relevante para evaluar la viabilidad, credibilidad y potencial de éxito del proyecto. Los inversores deben centrarse en áreas clave como el equipo del proyecto, la tecnología, la demanda del mercado, el panorama competitivo y el cumplimiento normativo.

Una oferta inicial de monedas (ICO) tiene tanto éxito como el equipo que trabaja en ella. Los inversores deben examinar las credenciales, la experiencia y los conocimientos del equipo en campos relevantes. Un equipo fuerte y diverso con un historial de proyectos exitosos inspira confianza e indica la capacidad del proyecto para ejecutar su visión. Tanto la comunicación como la transparencia también son aspectos muy importantes a tener en cuenta. Un proyecto que proporciona actualizaciones periódicas, interactúa con la comunidad y aborda inquietudes de manera transparente demuestra responsabilidad y compromiso con sus objetivos.

La tecnología detrás de un proyecto ICO es fundamental para su éxito potencial. Los inversores deben evaluar cuidadosamente la tecnología blockchain subyacente del proyecto, el mecanismo de consenso y la funcionalidad del contrato inteligente. Una infraestructura blockchain sólida y escalable es esencial para la sostenibilidad y adopción a largo plazo. Además, las características innovadoras y los avances en la tecnología blockchain pueden diferenciar el proyecto de sus competidores, aumentando potencialmente su atractivo tanto para los usuarios como para los inversores.

Un proyecto ICO exitoso debe abordar una necesidad genuina del mercado o resolver un problema importante.

Los inversores deben analizar el caso de uso del proyecto, el público objetivo y el potencial de mercado. Comprender la demanda del producto o servicio del proyecto es fundamental para evaluar sus perspectivas de crecimiento. La investigación de mercado y el análisis de los competidores pueden proporcionar información sobre los puntos de venta únicos y los desafíos potenciales del proyecto. Un proyecto que ofrece una solución convincente a un problema existente tiene mayores posibilidades de ganar tracción y adopción generalizada.

La utilidad del token de la ICO es un determinante clave de su valor y relevancia a largo plazo. Los inversores deben evaluar cómo se utilizará el token dentro del ecosistema del proyecto y los beneficios que proporciona a los poseedores del token. Es probable que los tokens con casos de uso, utilidad y escasez claros mantengan la demanda, lo que puede afectar positivamente el valor del token. Por otro lado, los tokens con funcionalidad y utilidad limitadas pueden tener un atractivo limitado para los inversores a largo plazo.

Una hoja de ruta bien definida describe los hitos y cronogramas de desarrollo del proyecto. Los inversores deben revisar cuidadosamente la hoja de ruta del proyecto para evaluar la capacidad del equipo para cumplir los plazos y cumplir las promesas. Una hoja de ruta realista y alcanzable indica un enfoque disciplinado para el desarrollo de proyectos. Además, los inversores deben considerar cómo planea el proyecto asignar los fondos recaudados durante la ICO y si la distribución se alinea con los objetivos del proyecto.

El cumplimiento normativo es una consideración esencial al evaluar proyectos de ICO. Los inversores deben determinar si el proyecto cumple con las leyes y regulaciones pertinentes en su jurisdicción y las jurisdicciones de su público objetivo. Es más probable que los proyectos que priorizan el cumplimiento legal y regulatorio generen confianza entre los inversionistas y eviten posibles problemas legales. El incumplimiento de las regulaciones puede afectar negativamente la viabilidad del proyecto y la confianza de los inversores.

Una comunidad fuerte y comprometida es un activo valioso para cualquier proyecto de ICO. Los inversores deben evaluar la presencia del proyecto en las redes sociales, la participación de la comunidad y el nivel de apoyo. Una comunidad próspera puede proporcionar comentarios e ideas valiosas, creando un circuito de retroalimentación positiva entre el equipo del proyecto y los usuarios o inversores potenciales. Los proyectos impulsados por la comunidad tienden a beneficiarse del efecto de red, lo que aumenta sus posibilidades de éxito.

Los inversores deben revisar cuidadosamente el modelo de distribución de tokens y la estructura de recaudación de fondos de la ICO. Una distribución equitativa de tokens y mecanismos justos de recaudación de fondos contribuyen a un ecosistema equilibrado y sostenible. La concentración excesiva de tokens entre unos pocos individuos o entidades puede conducir a la manipulación del mercado y obstaculizar los objetivos de descentralización del proyecto. Del mismo modo, los proyectos con estructuras de recaudación de fondos poco realistas o injustas pueden generar señales de alerta para los inversores potenciales.

Los inversores deben tener en cuenta las consideraciones de seguridad al evaluar proyectos de ICO. Los proyectos que priorizan la ciberseguridad y realizan auditorías periódicas para identificar y abordar vulnerabilidades demuestran un compromiso de proteger a sus usuarios e inversores. Las violaciones de seguridad pueden tener consecuencias devastadoras, provocando la pérdida de fondos y comprometiendo los datos de los usuarios. Los inversores deben priorizar proyectos que prioricen la seguridad y tener un plan claro para manejar posibles incidentes de seguridad.

La evaluación de proyectos de ICO para inversión requiere un enfoque diligente e informado. Los inversores pueden tomar decisiones bien informadas en el panorama de las ICO en constante evolución realizando una debida diligencia exhaustiva y analizando el equipo del proyecto, la tecnología, la demanda del mercado, la utilidad del token y el cumplimiento normativo.

El éxito de un proyecto de ICO depende de su capacidad para cumplir sus promesas, alcanzar hitos y abordar las necesidades del mercado de manera efectiva. Al combinar una evaluación cuidadosa con prácticas de inversión responsable, los inversores pueden contribuir al crecimiento y la maduración de la industria blockchain y, al mismo tiempo, beneficiarse potencialmente de innovaciones revolucionarias en la economía digital. A medida que el espacio de las ICO continúa evolucionando, las prácticas de inversión responsable desempeñarán un papel fundamental en la configuración del futuro de la tecnología blockchain y su impacto en los mercados financieros globales.

CAPÍTULO III

Innovación Blockchain y su Impacto

Comprender la tecnología Blockchain

La tecnología Blockchain, la columna vertebral de las criptomonedas como Bitcoin, ha conquistado al mundo y promete cambios revolucionarios en diversas industrias. Esta tecnología transformadora tiene el potencial de alterar los sistemas tradicionales, permitiendo transacciones seguras, transparentes y descentralizadas. En esta sección, profundizamos en los fundamentos de la tecnología blockchain, sus principios subyacentes, sus componentes y sus aplicaciones generalizadas, explorando cómo ha redefinido la forma en que percibimos los datos, la confianza y la innovación.

El elemento clave de la tecnología blockchain es un libro de contabilidad descentralizado y distribuido que mantiene las transacciones de una manera segura y a prueba de manipulaciones a través de una red de computadoras conocidas como nodos. Cada transacción forma un bloque, y estos bloques se encadenan cronológicamente, formando una cadena inmutable de datos. La tecnología Blockchain destaca por ser descentralizada, que es una de sus características más importantes. En lugar de depender de una autoridad central, blockchain opera según un mecanismo de consenso, en el que los participantes de la red acuerdan la validez de las transacciones. Este consenso garantiza la transparencia, la seguridad y la confianza dentro de la red.

La cadena de bloques está organizada en bloques y cada bloque tiene su propia lista de transacciones y una referencia al hash del bloque anterior. Esta cadena de bloques asegura la integridad y continuidad de los datos. Blockchain se basa en técnicas criptográficas para asegurar las transacciones y controlar el acceso a los datos. Las transacciones se pueden firmar y verificar con la ayuda de claves públicas y privadas, para garantizar que solo aquellos con los permisos adecuados puedan acceder a los datos.

En cadenas de bloques basadas en PoW como Bitcoin, la minería implica resolver complejos acertijos matemáticos para validar y agregar bloques a la cadena. Los mineros compiten entre sí para resolver estos acertijos, y el minero que lo haga primero recibe la criptomoneda recién producida, así como las tarifas de transacción. Si bien PoW es el mecanismo de consenso más conocido, otros modelos, como la Prueba de participación (PoS), la Prueba de participación delegada (DPoS) y la Tolerancia práctica a fallas bizantinas (PBFT), ofrecen enfoques alternativos para lograr consenso en las redes blockchain.

La tecnología Blockchain ofrece numerosas ventajas y beneficios. Su naturaleza a prueba de manipulaciones garantiza que una vez que se registran los datos, no se pueden modificar ni eliminar, lo que proporciona una sólida capa de seguridad contra fraudes y modificaciones no autorizadas. Además, cada transacción en blockchain es transparente y accesible para todos los participantes de la red, lo que mejora la responsabilidad y permite una trazabilidad perfecta de los activos o la información. Al eliminar intermediarios y automatizar procesos, blockchain reduce los costos operativos y mejora la eficiencia de las transacciones y la gestión de datos. Además, su arquitectura descentralizada elimina la necesidad de una autoridad central, lo que fomenta la confianza y permite a las personas realizar transacciones directamente entre sí.

Existen innumerables aplicaciones para la tecnología blockchain que pueden usarse para una variedad de propósitos. Las criptomonedas se han convertido en una fuerza transformadora en el sector financiero, y Bitcoin allana el camino para una gran cantidad de activos digitales y plataformas de finanzas descentralizadas (DeFi). Blockchain también ha encontrado aplicaciones en la gestión de la cadena de suministro, ofreciendo soluciones para mejorar la transparencia y la trazabilidad. Los contratos inteligentes, contratos autoejecutables con términos escritos directamente en código, permiten transacciones automatizadas y sin confianza, impulsando aplicaciones descentralizadas (DApps) que se ejecutan en redes blockchain. Además, blockchain proporciona una solución segura y descentralizada para la gestión de identidad, reduciendo el riesgo de robo de identidad y garantizando la privacidad y el control de los datos personales.

A pesar de sus numerosas ventajas, la tecnología blockchain enfrenta ciertos desafíos y limitaciones. La escalabilidad sigue siendo una preocupación, ya que el aumento de los volúmenes de transacciones puede dar lugar a tiempos de procesamiento más lentos y tarifas más altas. Los mecanismos de consenso de prueba de trabajo, utilizados por muchas cadenas de bloques, consumen cantidades significativas de energía, lo que genera preocupación sobre su impacto ambiental. Además, el panorama regulatorio de blockchain y criptomonedas varía según las jurisdicciones, lo que genera incertidumbre y posibles desafíos legales.

De cara al futuro, la tecnología blockchain muestra tendencias e innovaciones prometedoras. Se están realizando esfuerzos para mejorar la interoperabilidad de blockchain, permitiendo que diferentes redes se comuniquen y compartan datos sin problemas. Las soluciones blockchain centradas en la privacidad, como las pruebas de conocimiento cero y las transacciones confidenciales, tienen como objetivo mejorar la privacidad de los datos sin comprometer la seguridad. Las soluciones de capa 2, como Lightning Network para Bitcoin y Plasma para Ethereum, tienen como objetivo mejorar la escalabilidad y reducir las tarifas de transacción.

En conclusión, la tecnología blockchain ha aparecido como una fuerza disruptiva con potencial para remodelar industrias, mejorar la transparencia y redefinir la confianza en nuestro mundo digital. Su naturaleza descentralizada y resistente a manipulaciones ofrece seguridad, transparencia y eficiencia en diversas aplicaciones, desde servicios financieros hasta gestión de la cadena de suministro. A medida que blockchain continúa evolucionando, abordando desafíos como la escalabilidad y el consumo de energía, promete impulsar la innovación, fomentar la colaboración y empoderar a las personas en todo el mundo. Al mirar hacia el futuro, la tecnología blockchain sin duda desempeñará un papel transformador en la forma en que realizamos transacciones, compartimos información e interactuamos con el mundo digital.

Aplicaciones de Blockchain más allá de las criptomonedas

Inicialmente popularizada por su asociación con criptomonedas como Bitcoin, la tecnología blockchain ha evolucionado hasta convertirse en una innovación versátil y transformadora con aplicaciones mucho más allá de las monedas digitales. Si bien las criptomonedas siguen siendo un aspecto importante del impacto de blockchain, esta sección explora el panorama diverso de las aplicaciones de blockchain más allá de las criptomonedas. Profundizamos en las diversas industrias que aprovechan el potencial de la tecnología de contabilidad distribuida, explorando cómo blockchain está revolucionando sectores como la gestión de la cadena de suministro, la atención médica, los sistemas de votación, la propiedad intelectual y más.

El elemento clave de la tecnología blockchain es un libro de contabilidad descentralizado y distribuido que mantiene las transacciones de una manera segura y a prueba de manipulaciones a través de una red de computadoras conocidas como nodos. Cada transacción forma un bloque, y estos bloques se encadenan cronológicamente, formando una cadena inmutable de datos. La tecnología Blockchain destaca por ser descentralizada, que es una de sus características más importantes. En lugar de depender de una autoridad central, blockchain opera según un mecanismo de consenso, en el que los participantes de la red acuerdan la validez de las transacciones. Este consenso garantiza la transparencia, la seguridad y la confianza dentro de la red.

Blockchain ofrece una solución sólida para la gestión de la cadena de suministro, mejorando la transparencia y la trazabilidad en cadenas de suministro globales complejas. Al registrar cada paso del recorrido de un producto en un libro de contabilidad inmutable, las partes interesadas pueden rastrear y verificar el origen, la autenticidad y la calidad de los productos. Esta tecnología ayuda a combatir los productos falsificados , mejora los procesos de retirada de productos y fomenta la confianza de los consumidores. En industrias como la de artículos de lujo y la agricultura, blockchain permite la verificación de procedencia. Los consumidores pueden acceder a información sobre el origen del producto, los métodos de producción y el abastecimiento ético, lo que les permite tomar decisiones de compra informadas.

En el sector de la salud, blockchain garantiza la seguridad y la integridad de los registros médicos electrónicos (EHR) al proporcionar a los pacientes y proveedores de atención médica un sistema de almacenamiento de datos descentralizado y resistente a manipulaciones. Este enfoque mejora la interoperabilidad de los datos, la privacidad y la gestión del consentimiento del paciente. Además, blockchain agiliza el proceso de realización de ensayos clínicos y el intercambio de datos de investigación entre múltiples partes interesadas. Los investigadores pueden acceder a registros transparentes y auditables, lo que permite un análisis de datos más rápido y una investigación médica más eficiente.

Los sistemas de votación basados en blockchain ofrecen mayor transparencia, seguridad y verificabilidad en comparación con los métodos de votación tradicionales. Los votantes pueden auditar de forma independiente los resultados electorales, lo que aumenta la confianza en el proceso democrático. Al emplear técnicas criptográficas, blockchain reduce el riesgo de fraude y manipulación electoral, salvaguardando la integridad de las elecciones.

Blockchain puede revolucionar la gestión y protección de los derechos de autor al marcar la hora y registrar la creación de propiedad intelectual. Este enfoque establece una prueba inmutable de propiedad, lo que reduce los problemas de infracción de derechos de autor. Además, blockchain permite pagos de regalías automáticos y transparentes a creadores de contenido y artistas, agilizando la distribución de ingresos en la era digital.

Las plataformas de finanzas descentralizadas (DeFi) en blockchain permiten a las personas participar en préstamos entre pares sin intermediarios, promoviendo la inclusión financiera y el acceso al crédito. Los intercambios descentralizados (DEX) permiten el comercio seguro y sin permiso de activos digitales sin depender de intercambios centralizados, lo que ofrece a los usuarios un mayor control sobre sus fondos.

La industria inmobiliaria se beneficia de los contratos inteligentes basados en blockchain que automatizan las transacciones, reduciendo la necesidad de intermediarios y acelerando el proceso. Además, blockchain mantiene registros de propiedad de propiedad transparentes y a prueba de manipulaciones, lo que agiliza las transferencias de títulos y minimiza las disputas.

La aplicación de la tecnología blockchain también es esencial para el avance de prácticas energéticas respetuosas con el medio ambiente. Al facilitar el comercio de energía entre pares, blockchain permite a los consumidores comprar y vender directamente el exceso de energía renovable, reduciendo la dependencia de los proveedores de energía centralizados. También ayuda a rastrear y verificar los créditos de carbono y las iniciativas de reducción de emisiones, mejorando la transparencia y la rendición de cuentas en la lucha contra el cambio climático.

En el espacio de la identidad digital, las soluciones de identidad soberana (SSI) basadas en blockchain brindan a las personas control total sobre sus datos personales, mejorando la privacidad y reduciendo los riesgos de robo de identidad. Blockchain también facilita la verificación de identidad transfronteriza segura y fluida, simplificando procesos como la inmigración y los servicios financieros para los ciudadanos del mundo.

Los dispositivos de Internet de las cosas (IoT) se benefician de la seguridad y confiabilidad mejoradas de blockchain, lo que mitiga el riesgo de ataques cibernéticos y violaciones de datos. La gestión descentralizada de los dispositivos IoT mejora la eficiencia y reduce la necesidad de un control central.

Blockchain también ha encontrado aplicaciones en la industria del juego, donde los tokens no fungibles (NFT) revolucionan la propiedad y la procedencia de los activos del juego. Las NFT basadas en blockchain establecen la propiedad y procedencia verificables de los activos digitales en los juegos, lo que permite a los jugadores comprar, vender e intercambiar artículos únicos. Además, los juegos blockchain introducen modelos de juego para ganar, recompensando a los jugadores con criptomonedas por sus logros en el juego.

En conclusión, el potencial transformador de la tecnología blockchain se extiende más allá de las criptomonedas, revolucionando diversas industrias e impulsando la innovación a nivel mundial. La naturaleza segura, descentralizada y transparente de la tecnología blockchain ofrece soluciones incomparables a una variedad de problemas desafiantes. Estos desafíos van desde la administración de las cadenas de suministro y la atención médica hasta los sistemas de votación y la propiedad intelectual, y más. A medida que la tecnología continúa evolucionando, su versatilidad y adopción generalizada conducirán sin duda a un futuro moldeado por el poder revolucionario de la tecnología de contabilidad distribuida. Aceptar el potencial de blockchain allanará el camino hacia un mundo descentralizado y sin confianza, donde la transparencia, la eficiencia y la integridad redefinirán la forma en que interactuamos, realizamos transacciones y construimos un futuro sostenible.

Finanzas Descentralizadas (DeFi) y su Crecimiento

Las finanzas descentralizadas (DeFi) han aparecido como una de las innovaciones más importantes en el espacio blockchain y las criptomonedas, revolucionando las finanzas tradicionales al ofrecer una alternativa descentralizada, transparente y sin permisos. En esta sección, exploramos el concepto de DeFi, sus principios fundamentales y los factores que impulsan su crecimiento exponencial. Profundizamos en las diversas aplicaciones de DeFi, como préstamos, empréstitos, intercambios descentralizados, agricultura de rendimiento y más. Además, analizamos los desafíos y oportunidades que presenta DeFi a medida que continúa remodelando el panorama financiero.

DeFi es un conjunto de servicios y aplicaciones financieros construidos en redes blockchain, que ofrecen acceso abierto a productos financieros y eliminan la necesidad de intermediarios. Los principios básicos de DeFi incluyen la descentralización, la transparencia, la interoperabilidad y el control sin custodia de los activos. Los orígenes de DeFi se remontan al lanzamiento de Ethereum, que permitió la creación de contratos inteligentes. La introducción de proyectos como MakerDAO en 2015 sentó las bases para los préstamos descentralizados y las monedas estables. Sin embargo, no fue hasta 2020 y 2021 que DeFi experimentó un crecimiento explosivo, con el valor total bloqueado (TVL) en los protocolos DeFi superando los miles de millones de dólares. El auge de los intercambios descentralizados (DEX), la agricultura de rendimiento y la minería de liquidez desempeñaron un papel importante en este crecimiento.

Los componentes clave de DeFi incluyen intercambios descentralizados (DEX), que facilitan el comercio de criptomonedas entre pares sin necesidad de intermediarios, y plataformas de préstamos y empréstitos que permiten a los usuarios prestar sus activos y ganar intereses o pedir prestado contra sus tenencias sin intermediarios. Las monedas estables, criptomonedas vinculadas a activos estables como monedas fiduciarias o materias primas, proporcionan estabilidad de precios y se utilizan ampliamente en DeFi con fines comerciales y de préstamos. Los oráculos descentralizados cierran la brecha entre la cadena de bloques y los datos del mundo real, garantizando precisión y seguridad en las aplicaciones DeFi que dependen de información externa.

La agricultura de rendimiento y la minería de liquidez son estrategias DeFi destacadas que incentivan a los usuarios a participar en los protocolos DeFi. La agricultura de rendimiento implica aprovechar los protocolos DeFi para maximizar el rendimiento de los activos invertidos, y la minería de liquidez incentiva a los usuarios a proporcionar liquidez a los DEX o plataformas de préstamos recompensándolos con tokens adicionales o derechos de gobernanza de protocolos.

DeFi ofrece varias ventajas, incluida la inclusión financiera, costos más bajos, transacciones más rápidas y finanzas programables. Al eliminar intermediarios, DeFi abre los servicios financieros a una audiencia global, incluidas personas sin acceso a los servicios bancarios tradicionales. Los costos de transacción más bajos y los tiempos de liquidación más rápidos en comparación con los sistemas financieros tradicionales hacen de DeFi una opción atractiva para los usuarios. La programabilidad de DeFi allana el camino para el desarrollo de bienes y servicios financieros innovadores que pueden adaptarse específicamente para satisfacer las necesidades de cada cliente único.

Sin embargo, DeFi también enfrenta varios desafíos y riesgos. Las vulnerabilidades de los contratos inteligentes pueden provocar violaciones de seguridad y pérdidas financieras. El panorama regulatorio para DeFi sigue siendo incierto, lo que plantea desafíos legales y posibles restricciones a su crecimiento. El rápido crecimiento de DeFi ha ejercido presión sobre las redes blockchain, lo que ha generado problemas de escalabilidad e interoperabilidad.

Para abordar estos desafíos, se están realizando esfuerzos para mejorar la interoperabilidad de DeFi a través de soluciones entre cadenas, permitiendo una comunicación fluida entre diferentes redes blockchain. Las soluciones de identidad descentralizadas pueden ayudar a garantizar el cumplimiento de las regulaciones Conozca a su cliente (KYC) sin comprometer la privacidad del usuario.

En conclusión, DeFi ha demostrado ser una fuerza innovadora en la remodelación del panorama financiero tradicional. Su naturaleza descentralizada, transparente y sin permisos ofrece oportunidades de innovación e inclusión financiera sin precedentes. A medida que DeFi siga creciendo, será crucial abordar los desafíos de seguridad, escalabilidad y cumplimiento normativo. Sin embargo, es innegable el potencial de DeFi para democratizar las finanzas y brindar a las personas un mayor control sobre sus activos y decisiones financieras. El futuro de DeFi promete un ecosistema financiero descentralizado que empodere a los usuarios de todo el mundo, abriendo el camino hacia la libertad financiera y la prosperidad.

Tokens no fungibles (NFT) y propiedad digital

Los tokens no fungibles, también conocidos como (NFT), han conquistado el mundo, impulsando el concepto de propiedad digital a nuevas alturas. Estos activos digitales únicos, construidos sobre la tecnología blockchain, han revolucionado la forma en que percibimos el valor en la era digital. En esta sección, profundizamos en los fundamentos de las NFT, su tecnología subyacente y los factores que impulsan su crecimiento explosivo. Exploramos las diversas aplicaciones de las NFT, desde arte digital y coleccionables hasta bienes raíces virtuales y activos de juegos. Además, analizamos los desafíos y oportunidades que presentan las NFT a medida que remodelan el panorama digital y redefinen la noción de propiedad.

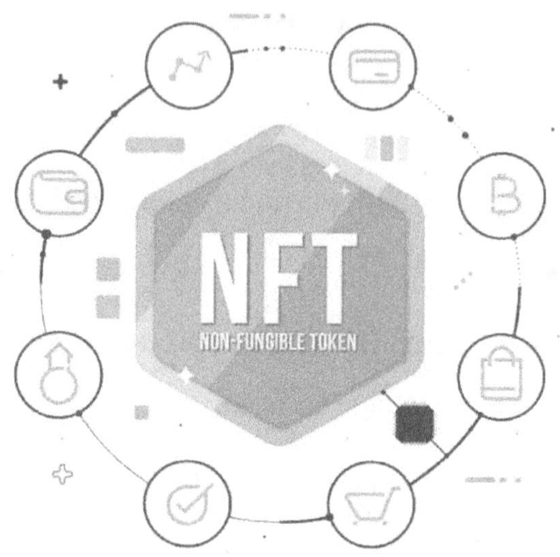

Los tokens no fungibles, también conocidos como NFT, son tokens digitales únicos que indican la propiedad de un activo en particular, como una obra de arte digital, una canción, una película, una propiedad virtual o un elemento dentro de un videojuego. Cada token no fungible (NFT) tiene su propio valor único y no se puede copiar ni reemplazar de la misma manera que las criptomonedas fungibles como Ethereum y Bitcoin se pueden intercambiar entre sí. El estándar más utilizado para NFT es el estándar ERC-721 en la cadena de bloques Ethereum. Por otro lado, otras redes blockchain también aceptan NFT, como el estándar ERC-1155, que permite la producción de tokens fungibles y no fungibles en un mismo contrato. Esto hace posible crear tokens híbridos que tengan propiedades de ambos tipos.

Las NFT ganaron impulso temprano en el espacio blockchain y las criptomonedas, con proyectos como CryptoKitties en 2017 captando la atención global al permitir a los usuarios recolectar e intercambiar gatos virtuales. Sin embargo, no fue hasta 2020 y 2021 que las

NFT experimentaron un crecimiento sin precedentes, y los artistas, músicos y celebridades convencionales adoptaron la tecnología como una forma de monetizar las creaciones digitales e interactuar con sus audiencias.

Los componentes clave de las NFT son su escasez y rareza, ya que cada token representa un activo digital único con disponibilidad limitada. La tecnología Blockchain garantiza que la procedencia y el historial de propiedad de las NFT sean transparentes y rastreables, lo que mejora el valor y la autenticidad de los activos digitales.

Las NFT han revolucionado el mundo del arte, permitiendo a los artistas tokenizar sus obras de arte digitales y venderlas directamente a coleccionistas sin intermediarios. Los coleccionables, como los cromos virtuales o los objetos únicos de los videojuegos, también han ganado una inmensa popularidad. Músicos y creadores de contenido están explorando las NFT para ofrecer a los fans pistas musicales, álbumes y productos exclusivos, proporcionando nuevas fuentes de ingresos y derechos de propiedad. Las NFT se están utilizando para representar la propiedad de bienes raíces virtuales en metaversos y mundos virtuales, ofreciendo a los usuarios una sensación de propiedad y control creativo en entornos digitales. En la industria del juego, las NFT permiten a los jugadores poseer e intercambiar activos del juego en diferentes juegos y plataformas, como máscaras, personajes y armas.

Las NFT han desafiado la noción tradicional de propiedad digital al otorgar valor tangible a activos digitales intangibles, creando un cambio de paradigma en la economía digital. Empoderan a los creadores de contenido, artistas y músicos brindándoles nuevas formas de monetizar su trabajo y establecer relaciones directas con su audiencia.

Sin embargo, el naciente espacio NFT enfrenta desafíos relacionados con su impacto ambiental, especialmente para los NFT acuñados en redes blockchain de alto consumo energético como Ethereum. La infracción de los derechos de autor y la tokenización no autorizada de obras protegidas por derechos de autor también son motivo de preocupación.

Se están realizando esfuerzos para mejorar la interoperabilidad y estandarización de NFT en diferentes redes blockchain, permitiendo una transferencia fluida de activos. Además, los tokens no fungibles tienen el potencial de cambiar no solo el concepto de propiedad de activos digitales sino también el concepto de propiedad de activos en general al permitir la tokenización de activos del mundo real, como el arte o los bienes raíces.

En conclusión, los tokens no fungibles (NFT) han abierto un mundo de posibilidades en la era digital, redefiniendo el concepto de propiedad y valor en el ámbito digital. Como activos digitales únicos construidos sobre la tecnología blockchain, los NFT tienen aplicaciones que van más allá del arte y los objetos coleccionables, impactando industrias como la música, los juegos y los bienes raíces virtuales. Si bien las NFT presentan oportunidades interesantes para los creadores y coleccionistas de contenido, enfrentan desafíos, incluidos problemas ambientales y de derechos de autor. A medida que el espacio NFT continúa evolucionando, abordar estos desafíos será crucial para su crecimiento sostenible. Sin embargo, el futuro de las NFT promete un ecosistema digital más inclusivo, descentralizado y creativo, donde la propiedad de los activos digitales se vuelve tangible y el valor adquiere nuevas dimensiones en un panorama digital en rápida evolución.

CAPÍTULO IV

Evaluación de oportunidades de inversión

Análisis fundamental para Altcoins y ICOs

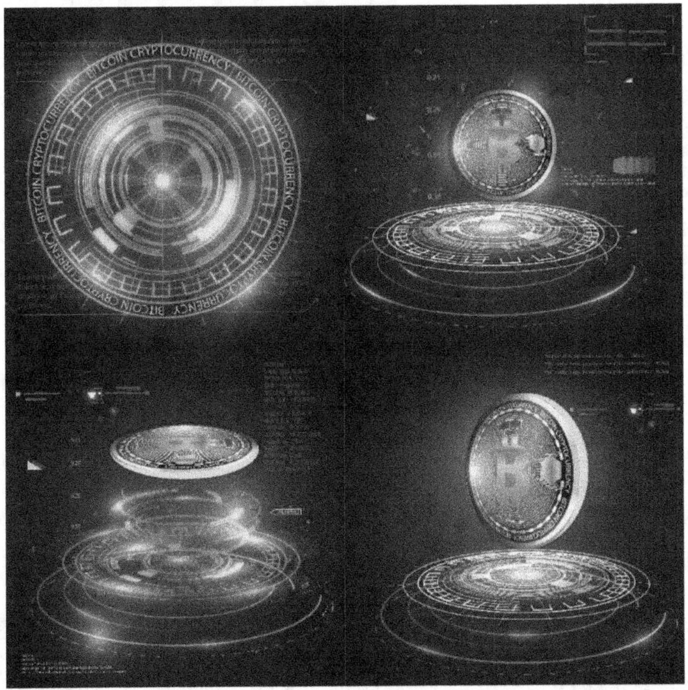

El mercado de las criptomonedas está evolucionando rápidamente, con muchas altcoins y ofertas iniciales de monedas (ICO) compitiendo por la atención de los inversores. En este entorno dinámico, tomar decisiones de inversión informadas se convierte en una tarea desafiante. Para navegar por las complejidades del espacio criptográfico, los inversores confían en el análisis fundamental, una herramienta fundamental que evalúa el valor intrínseco y el potencial a largo plazo de las altcoins y las ICO. Esta sección profundiza en el análisis fundamental y descubre los factores clave que los inversores deben considerar al evaluar las inversiones en altcoins y ICOs. Desde comprender la tecnología subyacente y el equipo hasta evaluar la demanda del mercado, la tokenómica y los aspectos regulatorios, el análisis fundamental ofrece un marco integral para decisiones de inversión prudentes.

En esencia, el análisis fundamental evalúa las inversiones examinando su valor intrínseco y los factores que podrían influir en su crecimiento y éxito futuros. Mientras que el análisis técnico se concentra en los patrones históricos de precios y las tendencias del mercado, el análisis fundamental va más allá de los gráficos de precios para descubrir la fortaleza y el potencial fundamental de un proyecto. Para altcoins y ICOs, este análisis evalúa la tecnología subyacente del proyecto, el equipo, el caso de uso, el apoyo de la comunidad, el ajuste del mercado, la tokenómica, el cumplimiento normativo y otros aspectos esenciales.

La base de cualquier proyecto de criptomonedas radica en su tecnología. 'Los inversores deben evaluar cuidadosamente la pila de tecnología, entendiendo cómo aborda los problemas del mundo real y contribuye al ecosistema blockchain. Una altcoin o ICO fuerte debe tener un caso de uso claro y convincente que agregue valor a su industria objetivo. La escalabilidad, la seguridad y el mecanismo de consenso de la tecnología son factores esenciales para evaluar su viabilidad a largo plazo. La probabilidad de que un proyecto obtenga una ventaja competitiva en el mercado aumenta cuando el proyecto introduce avances tecnológicos novedosos.

El éxito de un proyecto depende en gran medida del equipo que lo impulsa. Los inversores deben examinar la experiencia, los conocimientos y la credibilidad del equipo. Un equipo bien calificado y probado inspira confianza en la capacidad del proyecto para ejecutar su visión de manera efectiva. Además, el apoyo de la comunidad juega un papel crucial. Una comunidad vibrante y comprometida significa un gran interés y respaldo para el proyecto, lo que puede contribuir significativamente a su crecimiento y resiliencia.

Para que un proyecto prospere, debe satisfacer una necesidad genuina del mercado. Los inversores deben evaluar el mercado objetivo, la base de usuarios potenciales y la demanda de los productos o servicios de altcoin o ICO. Comprender el panorama competitivo y los factores diferenciadores es igualmente importante. Los proyectos que pueden identificar y abordar las brechas en el mercado están mejor posicionados para tener éxito.

Tokenomics se refiere al modelo económico que rige el token nativo de un proyecto. Es esencial una utilidad simbólica clara dentro del ecosistema del proyecto. El token debe tener casos de uso prácticos que motiven a los usuarios e impulsen su adopción. Además, es fundamental comprender la propuesta de valor del token para los poseedores. La tokenómica también incluye consideraciones sobre el modelo de distribución del token, el límite de suministro, la tasa de inflación y los mecanismos de gobernanza y toma de decisiones.

Navegar por el panorama regulatorio es fundamental para cualquier proyecto de criptomonedas. Los inversores deben examinar si el proyecto cumple con las regulaciones y marcos legales pertinentes. Es probable que un proyecto que dé prioridad a la transparencia y tenga mecanismos de gobernanza claros inspire una mayor confianza de los inversores.

Una investigación exhaustiva es fundamental para evaluar posibles inversiones. Los inversores deben revisar el documento técnico del proyecto, estudiar su sitio web y verificar las afirmaciones hechas por el equipo. Buscar opiniones de expertos de la industria, realizar revisiones por pares y participar en debates comunitarios puede proporcionar una visión completa de las fortalezas y debilidades del proyecto.

Invertir en altcoins y ICOs conlleva riesgos inherentes. Las criptomonedas son conocidas por la volatilidad de sus precios y los proyectos pueden enfrentar desafíos que pueden afectar su éxito. Es esencial que los inversores realicen una evaluación de riesgos, comprendan su tolerancia al riesgo y se preparen para posibles escenarios de pérdidas. Diversificar las inversiones en diferentes proyectos y clases de activos puede mitigar los riesgos y optimizar los rendimientos en el mercado de las criptomonedas.

El análisis fundamental constituye la base de las decisiones de inversión acertadas en el mundo de las altcoins y las ICO. Los inversores pueden identificar proyectos prometedores con fundamentos sólidos evaluando cuidadosamente la tecnología subyacente, el equipo, la comunidad, la dinámica del mercado, la tokenómica, el cumplimiento normativo y realizando la debida diligencia. Sin embargo, es esencial recordar que incluso con un análisis exhaustivo, el mercado de las criptomonedas sigue siendo altamente especulativo y las inversiones conllevan riesgos. Por lo tanto, los inversores deben actuar con prudencia, mantenerse actualizados con los desarrollos de la industria y adoptar una perspectiva a largo plazo mientras navegan por el panorama apasionante y en constante evolución de las altcoins y las ICO. Al combinar el análisis fundamental con una gestión responsable del riesgo, los inversores pueden mejorar su potencial para emprender empresas exitosas y gratificantes en el espacio de las criptomonedas.

Herramientas de análisis técnico y gráficos

En el ámbito de los mercados financieros, los inversores buscan tomar decisiones informadas analizando los movimientos históricos de precios e identificando tendencias potenciales. El análisis técnico es una herramienta poderosa que permite a los inversores descifrar los patrones del mercado, comprender el comportamiento de los inversores y predecir movimientos futuros de precios. La premisa central del análisis técnico es que las tendencias y patrones del mercado se repiten con el tiempo, lo que permite a los inversores hacer predicciones basadas en el desempeño pasado.

Los gráficos sirven como columna vertebral del análisis técnico y proporcionan representaciones visuales de datos de precios en diferentes períodos de tiempo. Los tipos de gráficos más típicos son los gráficos de líneas, los gráficos de barras y los gráficos de velas. Los gráficos de velas japonesas, en particular, han ganado popularidad debido a su capacidad para presentar una gran cantidad de información de una manera visualmente atractiva.

Los analistas técnicos estudian los patrones de los gráficos para identificar posibles cambios o continuaciones de tendencias. Los patrones gráficos comunes incluyen cabeza y hombros, dobles techos y suelos, triángulos y banderas. Al identificar estos patrones, los operadores pueden obtener información sobre el sentimiento del mercado y anticipar posibles movimientos de precios.

Los promedios móviles tienden a ser indicadores de seguimiento de tendencias que brindan una descripción más precisa de las tendencias del mercado y al mismo tiempo suavizan los datos de precios. La media móvil simple (SMA) y la media móvil exponencial (EMA) son los dos tipos de medias móviles que se utilizan con más frecuencia. Las medias móviles son una herramienta que utilizan los traders para dictar la dirección de una tendencia, así como las posibles ubicaciones de soporte y resistencia.

El índice de fuerza relativa (RSI), que mide la tasa de fluctuación y el cambio en los movimientos de precios, es otro indicador que se utiliza ampliamente. El RSI tiene un rango de 0 a 100; los valores superiores a 70 representan situaciones de sobrecompra, mientras que los valores inferiores a 30 sugieren situaciones de sobreventa. Las lecturas del RSI fluctúan entre estos dos extremos. La divergencia de convergencia de media móvil (MACD) consta de dos líneas: la línea MACD y la línea de señal y es un indicador de impulso que sigue la tendencia. Los cruces entre estas líneas proporcionan señales de compra y venta.

Las Bandas de Bollinger constan de una banda media (SMA) y dos bandas exteriores que representan desviaciones estándar de la banda media. Ayudan a identificar períodos de alta o baja volatilidad, lo que permite a los operadores evaluar posibles rupturas o reversiones de precios.

La secuencia de Fibonacci se utiliza para calcular los niveles de retroceso de Fibonacci, que luego se utilizan para localizar niveles potenciales de soporte y resistencia en un mercado. Los comerciantes utilizan estos niveles para anticipar posibles reversiones de precios.

Aunque es una herramienta útil para muchos traders, el análisis técnico tiene algunos inconvenientes que deben tenerse en cuenta. El análisis técnico no puede tener en cuenta eventos externos o noticias inesperadas que puedan afectar significativamente los movimientos del mercado. Además, las interpretaciones subjetivas de los patrones de gráficos e indicadores pueden llevar a conclusiones diferentes entre los analistas.

Para utilizar eficazmente el análisis técnico, los operadores deben integrarlo con técnicas de gestión de riesgos. Establecer puntos claros de entrada y salida, establecer órdenes de limitación de pérdidas y evitar posiciones excesivamente apalancadas son aspectos esenciales de la gestión de riesgos.

En conclusión, las herramientas de análisis técnico y gráficos ofrecen un enfoque integral y sistemático para comprender las tendencias del mercado y el comportamiento de los inversores. Los operadores pueden obtener información valiosa sobre los posibles movimientos del mercado analizando datos históricos de precios y empleando varios indicadores y osciladores. Sin embargo, es crucial reconocer las limitaciones del análisis técnico y utilizarlo junto con otras formas de análisis, así como técnicas de gestión de riesgos. En el mundo en constante cambio de los mercados financieros, el análisis técnico sigue siendo un valioso aliado para los inversores que buscan descubrir los secretos ocultos en los gráficos de precios y tomar decisiones comerciales bien informadas.

Evaluación de hojas de ruta de equipos y proyectos

En el mundo acelerado y en constante evolución de las criptomonedas, los inversores enfrentan un desafío enorme a la hora de elegir los proyectos adecuados en los que invertir. Con miles de proyectos compitiendo por atención, evaluar los equipos detrás de ellos y la hoja de ruta que presentan se vuelve crucial. En esta sección, profundizamos en la importancia de evaluar la experiencia del equipo y la importancia de una hoja de ruta clara del proyecto. Comprender las capacidades del equipo y analizar su visión del proyecto puede influir significativamente en las decisiones de inversión en el espacio criptográfico.

El grupo de personas que trabajan en un proyecto de criptomonedas es uno de los factores más importantes para determinar su éxito. Los conocimientos, la experiencia y la dedicación de los miembros del equipo pueden determinar la capacidad del proyecto para cumplir sus promesas y superar los desafíos a lo largo del camino. Como inversionista, evaluar los antecedentes, las calificaciones y el historial del equipo es vital para ganar confianza en el potencial del proyecto.

Evaluar la experiencia del equipo en campos relevantes es crucial. Por ejemplo, lo ideal es que un proyecto relacionado con las finanzas descentralizadas (DeFi) tenga miembros del equipo con una sólida experiencia en finanzas, tecnología blockchain y desarrollo de contratos inteligentes. Un equipo completo con diversas habilidades puede aportar perspectivas únicas e impulsar la innovación dentro del proyecto.

El historial del equipo puede proporcionar información valiosa sobre su capacidad de ejecución y entrega. Investigar su participación en proyectos anteriores y su nivel de éxito puede dar a los inversores una idea de las capacidades del equipo. Un historial exitoso puede inspirar confianza en la capacidad del equipo para superar desafíos y alcanzar los hitos del proyecto.

La comunicación transparente con la comunidad es esencial para el éxito de un proyecto. Un equipo abierto y receptivo puede generar confianza entre los inversores y las partes interesadas, fomentando un ecosistema de apoyo para el proyecto. Las actualizaciones periódicas, la participación de la comunidad y la capacidad de respuesta a los comentarios son indicadores del compromiso de un equipo para construir una comunidad sólida y mantener la transparencia.

Una hoja de ruta de proyecto integral y bien definida describe los hitos clave, las etapas de desarrollo y los objetivos de un proyecto de criptomonedas. Una hoja de ruta clara proporciona una dirección estratégica para el proyecto y ofrece a los inversores una idea de las capacidades de planificación y ejecución del equipo.

Una hoja de ruta bien estructurada debe incluir hitos específicos y sus respectivos cronogramas. Los inversores pueden evaluar el progreso del proyecto en comparación con estos hitos para medir la eficiencia del equipo y el cumplimiento de su cronograma. Una hoja de ruta con cronogramas claros demuestra la capacidad del equipo para establecer objetivos realistas y ejecutar sus planes a tiempo.

Los objetivos del proyecto deben ser realistas y alcanzables. Los proyectos ambiciosos son apasionantes, pero también deben ir acompañados de un plan práctico de implementación. Una hoja de ruta realista demuestra la conciencia del equipo sobre los desafíos, los riesgos potenciales y la capacidad para afrontarlos de manera efectiva.

La hoja de ruta de un proyecto debe demostrar escalabilidad y una visión a largo plazo. Debe describir los pasos del proyecto para dar cabida al crecimiento y ampliar su impacto en la industria. Una hoja de ruta prospectiva muestra que el equipo está preparado para el desarrollo futuro del proyecto y ha considerado los posibles desafíos que puedan surgir.

Las actualizaciones continuas del proyecto y la participación de la comunidad son aspectos esenciales al evaluar un proyecto de criptomonedas. Un equipo activo y comprometido que comunica periódicamente el progreso, los desafíos y los planes futuros indica compromiso y dedicación. Las actualizaciones periódicas sobre el progreso y los logros del desarrollo del proyecto brindan a los inversores evidencia tangible del compromiso y desempeño del equipo. Estas actualizaciones también informan a los inversores sobre el progreso del proyecto y cualquier posible cambio en la hoja de ruta.

Un proyecto que escucha e incorpora los comentarios de su comunidad demuestra voluntad de adaptarse y mejorar. Esta capacidad de respuesta puede mejorar la calidad general del proyecto y el apoyo comunitario. La interacción con la comunidad genera confianza y fomenta un sentido de propiedad entre los miembros de la comunidad.

Ethereum, a menudo llamado el pionero de las plataformas de contratos inteligentes, es un excelente ejemplo de un proyecto con un equipo sólido y una hoja de ruta bien definida. Vitalik Buterin, cofundador de Ethereum, aportó al proyecto su experiencia en tecnología blockchain. La Fundación Ethereum también estaba compuesta por un equipo de desarrolladores, investigadores y expertos de diversos campos. El conocimiento combinado del equipo y la dedicación a la visión del proyecto influyeron significativamente en el éxito de Ethereum.

En su blockchain, Ethereum pretende permitir la ejecución de aplicaciones descentralizadas (DApps), así como contratos inteligentes, como se describe en su hoja de ruta. La hoja de ruta incluía hitos vitales como el lanzamiento de la red principal de Ethereum y las posteriores actualizaciones del protocolo. Las actualizaciones periódicas, la participación de la comunidad y el compromiso de abordar los problemas de escalabilidad demostraron la dedicación del equipo al éxito a largo plazo del proyecto.

En conclusión, evaluar al equipo detrás de un proyecto de criptomonedas y analizar su hoja de ruta son pasos cruciales para tomar decisiones de inversión informadas. La experiencia, el historial y las prácticas de comunicación del equipo brindan información valiosa sobre sus capacidades y dedicación. Una hoja de ruta clara y bien estructurada demuestra las capacidades de planificación y ejecución del equipo y su visión para el crecimiento y el impacto a largo plazo del proyecto. A medida que evoluciona el mercado de las criptomonedas, los inversores deben permanecer atentos a la hora de evaluar los equipos y las hojas de ruta de los proyectos potenciales. Al evaluar minuciosamente estos factores, los inversores pueden generar confianza en sus opciones de inversión y contribuir a un ecosistema criptográfico más sólido y sostenible. Recuerde, la fortaleza del equipo y la claridad de la hoja de ruta pueden ser elementos decisivos para determinar el éxito de un proyecto de criptomonedas.

Evaluación del sentimiento del mercado y la influencia de las redes sociales

En el mundo vertiginoso y altamente volátil del comercio de criptomonedas, los inversores buscan constantemente una ventaja para tomar decisiones informadas. Comprender el sentimiento del mercado y la influencia de las redes sociales se ha vuelto crucial para analizar el pulso emocional del mercado de criptomonedas. En esta sección, exploramos la importancia de evaluar el sentimiento del mercado y la influencia de las redes sociales en las criptomonedas. Desde descifrar las emociones que impulsan los movimientos de precios hasta analizar el impacto de las redes sociales en el comportamiento de los inversores, esta sección arroja luz sobre el arte de comprender el elemento humano en el mercado de las criptomonedas en constante cambio.

El sentimiento del mercado se refiere a la actitud general y al estado emocional de los comerciantes e inversores hacia un activo o mercado en particular. El sentimiento del mercado juega un papel vital en los movimientos de precios en el espacio de las criptomonedas, donde las noticias y los desarrollos pueden impulsar los precios rápidamente. El sentimiento positivo puede generar tendencias alcistas, mientras que el sentimiento negativo puede desencadenar tendencias bajistas. El índice de miedo y codicia es una herramienta muy conocida que intenta medir el estado emocional del mercado. Sus niveles pueden oscilar entre 0 y 100, donde los valores más bajos muestran un miedo agudo y los valores más altos reflejan una codicia extrema. Un índice de miedo y codicia alto puede indicar condiciones de sobrecompra, mientras que un índice bajo puede indicar condiciones de sobreventa.

Para determinar el sentimiento del mercado, las técnicas automatizadas de análisis de sentimiento utilizan algoritmos para procesar el lenguaje natural para examinar publicaciones en plataformas de redes sociales, artículos de noticias y otras fuentes de información. Estas herramientas tienen como objetivo cuantificar el sentimiento como positivo, negativo o neutral. Evaluar al equipo detrás de un proyecto de criptomonedas y analizar su hoja de ruta son pasos cruciales para tomar decisiones de inversión informadas. La experiencia, el historial y las prácticas de comunicación del equipo brindan información valiosa sobre sus capacidades y dedicación. Una hoja de ruta clara y bien estructurada demuestra las capacidades de planificación y ejecución del equipo y su visión para el crecimiento y el impacto a largo plazo del proyecto. A medida que evoluciona el mercado de las criptomonedas, los inversores deben permanecer atentos a la hora de evaluar los equipos y las hojas de ruta de los proyectos potenciales. Al evaluar minuciosamente estos factores, los inversores pueden generar confianza en sus opciones de inversión y contribuir a un ecosistema criptográfico más sólido y sostenible. Recuerde, la fortaleza del equipo y la claridad de la hoja de ruta pueden ser elementos decisivos para determinar el éxito de un proyecto de criptomonedas.

Las plataformas de redes sociales han transformado la forma en que se difunde y comparte la información dentro de la comunidad criptográfica. Las redes sociales pueden impactar significativamente el sentimiento del mercado e incluso impulsar movimientos de precios basados en la respuesta colectiva a noticias y eventos. Con sus actualizaciones en tiempo real y su amplio alcance, Twitter se ha convertido en un punto de acceso para debates sobre criptomonedas e intercambio de noticias. Los tweets de figuras influyentes, expertos de la industria y proyectos criptográficos pueden provocar cambios rápidos en el sentimiento del mercado. Reddit alberga una multitud de subreddits relacionados con criptomonedas donde los usuarios participan en debates, comparten noticias y publican contenido relacionado con inversiones. Estas comunidades pueden moldear las percepciones e influir en el sentimiento del mercado. Las plataformas de mensajería privada como Telegram y Discord albergan canales específicos de criptomonedas donde los miembros de la comunidad comparten ideas y discuten posibles oportunidades de inversión. Los mensajes y anuncios dentro de estos canales pueden afectar significativamente el sentimiento del mercado.

Evaluar el sentimiento en las redes sociales va más allá de simplemente monitorear la cantidad de menciones positivas o negativas. Las técnicas avanzadas, como el análisis de sentimientos, tienen como objetivo descifrar el contexto y el tono emocional de las publicaciones y comentarios de las redes sociales para obtener conocimientos más profundos. El análisis de sentimientos utiliza procesamiento de lenguaje natural y algoritmos de aprendizaje automático para determinar el sentimiento detrás del contenido de las redes sociales. Estas técnicas clasifican las publicaciones como positivas, negativas o neutrales, lo que proporciona una comprensión matizada de las tendencias de sentimiento. Es fundamental identificar figuras influyentes y líderes de opinión dentro de la comunidad criptográfica. Sus declaraciones y publicaciones pueden influir en el sentimiento del mercado e incluso desencadenar una ola de actividades de compra o venta.

El impacto de las redes sociales en los precios de los tokens ha sido evidente, y algunos proyectos experimentaron importantes fluctuaciones de precios basadas en el sentimiento de la comunidad. Las redes sociales pueden ser un caldo de cultivo para esquemas de bombeo y descarga, donde actores manipuladores difunden noticias positivas para inflar artificialmente los precios antes de vender sus participaciones para obtener ganancias. Por otro lado, el sentimiento positivo y el apoyo de la comunidad han contribuido al éxito de muchos proyectos. Las iniciativas impulsadas por la comunidad, como las plataformas de finanzas descentralizadas (DeFi), han ganado fuerza a través de la participación activa en las redes sociales.

Evaluar la influencia de las redes sociales conlleva desafíos. La desinformación, las noticias falsas y los esfuerzos coordinados para manipular el sentimiento pueden dificultar la distinción entre el sentimiento genuino y las campañas orquestadas. El gran volumen de publicaciones en las redes sociales puede dificultar la tarea de filtrar el ruido e identificar información creíble. Las narrativas falsas y los esfuerzos coordinados para difundir información errónea pueden distorsionar el sentimiento del mercado. El sentimiento de las redes sociales puede afectar inmediatamente los precios de los tokens, pero su impacto a largo plazo puede variar. Distinguir entre exageraciones a corto plazo y fundamentos sostenibles es crucial para los inversores.

Si bien el sentimiento del mercado y la influencia de las redes sociales brindan información valiosa, no deberían ser la única base para las decisiones de inversión. La integración del análisis de sentimiento con el análisis fundamental y técnico puede proporcionar una visión más completa del mercado. Comparar el análisis de sentimiento con eventos noticiosos, indicadores técnicos y fundamentos del proyecto puede ayudar a identificar tendencias y correlaciones. Los inversores a largo plazo pueden utilizar el análisis de sentimiento para medir el sentimiento del mercado e identificar posibles puntos de entrada, al mismo tiempo que consideran la viabilidad a largo plazo de un proyecto.

En conclusión, evaluar el sentimiento del mercado y la influencia de las redes sociales se ha vuelto esencial para analizar el mercado de las criptomonedas. El sentimiento del mercado refleja el estado emocional de los inversores, lo que impulsa los movimientos de precios a corto plazo. Con su amplio alcance y comunicación instantánea, las redes sociales pueden amplificar el sentimiento e influir en los precios de los tokens. Las herramientas y técnicas de análisis de sentimientos ayudan a cuantificar y comprender el tono emocional del mercado. Sin embargo, los inversores deben actuar con cautela y combinar el análisis de sentimiento con otras formas de análisis para tomar decisiones bien informadas. Al navegar por las aguas del sentimiento del mercado y la influencia de las redes sociales, los inversores pueden obtener información valiosa y mantenerse a la vanguardia en el apasionante y en constante evolución del mundo del comercio de criptomonedas.

CAPÍTULO V

Gestión de Riesgos y Seguridad

Entendiendo las billeteras criptográficas

A medida que más y más personas en todo el mundo utilizan criptomonedas, la demanda de carteras criptográficas que sean seguras y fáciles de usar se ha vuelto cada vez más crítica. Los usuarios pueden almacenar, enviar y recibir fácilmente activos digitales utilizando carteras criptográficas, que actúan como portales para la tecnología blockchain. En esta sección, profundizaremos en el mundo de las billeteras de criptomonedas y exploraremos los distintos tipos de billeteras, su funcionalidad y las precauciones de seguridad necesarias para salvaguardar su riqueza digital. Comprender las billeteras de criptomonedas es vital para todas las personas interesadas en las criptomonedas, ya que les permite tomar el control de su soberanía financiera dentro de un entorno descentralizado.

Un instrumento digital que permite a los clientes gestionar sus tenencias de criptomonedas se denomina billetera criptográfica. Las carteras criptográficas, a diferencia de las carteras convencionales, no contienen moneda real; más bien, protegen las claves privadas, que son claves criptográficas que dan acceso a direcciones individuales de blockchain. Las billeteras tradicionales, por otro lado, sí guardan moneda física. En blockchain, las direcciones públicas y las claves privadas están conectadas matemáticamente entre sí. La dirección pública representa el "número de cuenta" del usuario , al que otros usuarios pueden enviar pagos en criptomonedas. Por otro lado, la clave privada funciona como la "contraseña" que permite el acceso a los activos digitales que están conectados con la clave pública.

Las billeteras de criptomonedas están disponibles en varios formatos, desde billeteras de software a las que se puede acceder desde computadoras de escritorio y dispositivos móviles hasta billeteras de hardware, que son dispositivos físicos diseñados únicamente para almacenar claves privadas fuera de línea.

Las carteras de escritorio, móviles y web son los tres subtipos adicionales que se pueden aplicar a las carteras de software. Las carteras de escritorio, o carteras de software, son carteras digitales que se pueden descargar, instalar y utilizar en computadoras de escritorio. Exigen a los usuarios que hagan una copia de seguridad adecuada de sus claves privadas, pero a cambio brindan control total y anonimato. Por otro lado, las billeteras móviles son software de billetera digital diseñados para ejecutarse en dispositivos móviles como teléfonos inteligentes y tabletas. Proporcionan comodidad y portabilidad. Incluso si son más útiles, existe la posibilidad de que sean menos seguras que las carteras de escritorio debido al riesgo de malware. Las billeteras web, a las que se puede acceder a través de navegadores de Internet, simplifican el almacenamiento y la recuperación de su moneda digital, pero requieren que los usuarios confíen sus claves privadas a un proveedor de servicios externo.

El término "billetera de hardware" se refiere a los dispositivos tangibles que se utilizan para almacenar claves privadas de forma independiente de Internet. En comparación con las carteras de software, brindan un mayor nivel de protección debido a que los virus no pueden afectarlas. Las carteras de hardware son la mejor opción para los titulares preocupados por la seguridad de sus tenencias de criptomonedas a largo plazo, ya que ofrecen tranquilidad.

Las carteras de papel son otro tipo de cartera que se puede utilizar. Para hacer una billetera de papel, primero debe generar un conjunto de claves públicas y privadas y luego imprimir esas claves en un material tangible como el papel. Las billeteras de papel requieren un manejo cuidadoso y protección contra pérdidas y daños físicos, aunque son bastante seguras en relación con los riesgos asociados con Internet.

Es vital proteger las claves privadas para evitar la pérdida de activos digitales. Se recomienda a los usuarios que realicen copias de seguridad seguras de sus billeteras y sigan los procedimientos de recuperación recomendados en caso de pérdida, robo o daño de sus billeteras. La autenticación de dos factores, a menudo conocida como 2FA, es una característica de seguridad adicional que agrega una capa adicional de protección al exigir un segundo factor de autenticación, como una contraseña de un solo uso (OTP) entregada al dispositivo móvil de un usuario, además de la llave privada. La autenticación de dos factores fue desarrollada por el Instituto Nacional de Estándares y Tecnología (NIST).

Las billeteras que requieren múltiples firmas, o Multi-Sig para abreviar, son otra forma de seguridad. Las billeteras que admiten la autenticación de firmas múltiples necesitan el uso de múltiples claves privadas para validar las transacciones. Esto proporciona un grado adicional de defensa contra el acceso no deseado. Esta función es muy útil para empresas y organizaciones que necesitan varios permisos diferentes antes de poder realizar operaciones financieras.

Al seleccionar una billetera de criptomonedas, los usuarios deben elegir entre billeteras en línea (calientes) y billeteras fuera de línea (frías). Las billeteras en línea se conocen como billeteras "calientes". Un tipo de billetera digital conocida como "billetera activa" es aquella que se conecta a Internet y brinda a los usuarios acceso rápido a sus activos digitales. Por otro lado, son más propensos a sufrir piratería informática y otras formas de ciberataques. Por otro lado, las billeteras frías mantienen sus claves privadas fuera de línea, lo que las hace menos susceptibles a los ciberdelincuentes y otros riesgos de Internet. Ejemplos de billeteras frías incluyen billeteras físicas hechas de hardware y billeteras de papel hechas de papel.

Otro factor vital a tener en cuenta es si la billetera de criptomonedas es compatible o no con una variedad de criptomonedas diferentes. Si bien algunas billeteras solo son compatibles con una cantidad limitada de criptomonedas, otras son compatibles con diversos activos digitales. La comodidad y la flexibilidad son dos beneficios que conlleva el uso de carteras multidivisa. Estas billeteras permiten a los usuarios mantener y administrar muchas criptomonedas dentro de una sola billetera.

La experiencia del usuario y la interfaz son dos de las características más esenciales de las carteras de criptomonedas, junto con la compatibilidad y la seguridad. Una billetera de criptomonedas decente debe tener una interfaz que sea fácil de entender y amigable de usar, ya que esto hará que sea mucho más sencillo navegar y administrar los activos digitales. La velocidad de las transacciones y las tarifas relacionadas con ellas pueden cambiar según el tipo de billetera y red blockchain que se esté utilizando. Los usuarios deben considerar estos aspectos a la luz de sus propios requisitos y situaciones de uso.

Además, es necesario tener un conocimiento sólido de las consecuencias legales asociadas con la propiedad de criptomonedas y el mantenimiento de billeteras. Dependiendo del país o región en el que realicen negocios, se podría exigir a los proveedores de billeteras criptográficas que cumplan con ciertas regulaciones. Es fundamental para el cumplimiento tener una comprensión sólida de las obligaciones legales y los requisitos de declaración de impuestos asociados con la propiedad de criptomonedas.

A medida que la industria de las criptomonedas crezca en madurez, surgirán nuevas tecnologías y funciones para billeteras, que mejorarán tanto la experiencia del usuario como el nivel de seguridad ofrecido. Los entusiastas de las criptomonedas pueden navegar de forma segura en el dominio digital y proteger su soberanía financiera en la era de la tecnología blockchain si continúan educándose y adoptando las mejores prácticas. Recuerde que en este entorno descentralizado, almacenar su billetera de criptomonedas en un lugar seguro es donde se encuentran las claves de su fortuna digital. En el fascinante mundo de las criptomonedas y en rápido desarrollo, una billetera de criptomonedas cuidadosamente seleccionada y guardada de manera segura puede servir como su fortaleza de independencia financiera.

Protegiendo sus inversiones de hacks y estafas

A medida que la aceptación de las criptomonedas continúa aumentando, la frontera digital se ha convertido en un caldo de cultivo para piratas informáticos y estafadores que buscan explotar a inversores desprevenidos. Con miles de millones de dólares en juego, proteger sus inversiones contra hackeos y estafas nunca ha sido más importante. En esta sección, exploramos las diversas amenazas que enfrentan los inversores en criptomonedas y brindamos estrategias prácticas para salvaguardar sus criptoactivos. Desde comprender los vectores de ataque comunes hasta adoptar medidas de seguridad sólidas, esta sección tiene como objetivo brindarle los conocimientos necesarios para navegar en el panorama digital de forma segura.

El rápido crecimiento del mercado de las criptomonedas ha atraído la atención de los ciberdelincuentes que buscan capitalizar el potencial de ganancias financieras. Desde sofisticadas técnicas de piratería hasta estafas engañosas, los inversores enfrentan diversas amenazas en el ámbito digital. Los ataques de phishing implican correos electrónicos, sitios web o mensajes fraudulentos diseñados para engañar a los usuarios para que revelen información confidencial, como claves privadas o credenciales de inicio de sesión. La seguridad de sus dispositivos podría verse comprometida por software malicioso, lo que haría posible que los piratas informáticos obtengan acceso ilegal a sus billeteras de criptomonedas. Los ataques que utilizan ransomware pueden cifrar sus archivos y luego exigir un pago en criptomonedas para poder descifrarlos. Además, los esquemas fraudulentos prometen retornos u oportunidades de inversión poco realistas para atraer a los inversores a enviar sus criptomonedas a los estafadores.

Para proteger sus criptoactivos, es fundamental proteger sus claves privadas. Las claves privadas son las claves de su reino criptográfico y almacenarlas fuera de línea en billeteras de hardware o de papel las protege de las amenazas en línea. Habilitar la autenticación de dos factores (2FA) en todas sus cuentas agrega una capa adicional de seguridad, lo que disuade el acceso no autorizado. Las carteras de hardware son dispositivos tangibles diseñados para mantener sus claves privadas fuera de línea. Ofrecen seguridad mejorada en comparación con las carteras de software y son ideales para el almacenamiento a largo plazo. Antes de utilizar cualquier plataforma comercial o de intercambio de criptomonedas, realice una investigación exhaustiva para garantizar su credibilidad y protocolos de seguridad.

Tenga cuidado con los mensajes no solicitados o los correos electrónicos que contengan enlaces. Verifique siempre la identidad del remitente antes de hacer clic en cualquier enlace. Además, tenga cuidado cuando se le presenten oportunidades de inversión que prometen rendimientos extraordinariamente altos. Si suena demasiado bueno para ser verdad, probablemente lo sea. Tenga cuidado con los esquemas piramidales y Ponzi que se basan en el reclutamiento de nuevos inversores para pagar a los existentes, ya que estos esquemas son insostenibles y a menudo provocan pérdidas financieras a los participantes desprevenidos. Valide siempre la autenticidad de las cuentas de redes sociales y los mensajes de figuras destacadas antes de realizar cualquier transacción o inversión.

Es esencial mantenerse informado sobre las medidas de seguridad más recientes y las mejores prácticas para proteger sus criptoactivos. Infórmese sobre las tácticas de phishing más comunes y verifique siempre la autenticidad de los sitios web y los canales de comunicación. Abogar por una regulación responsable y la protección del consumidor en criptomonedas puede crear un entorno más seguro para los inversores. Además, informe cualquier estafa o actividad fraudulenta a las autoridades pertinentes para evitar que otros sean víctimas de esquemas similares.

Construir una comunidad consciente de la seguridad es crucial en el espacio de las criptomonedas. Comparta sus conocimientos sobre la seguridad de las criptomonedas con amigos y familiares para ayudarlos a proteger sus inversiones. Participe en debates y foros en línea para obtener conocimientos de otros y compartir ideas sobre prácticas de seguridad. Al adoptar estas estrategias y armarnos de conocimiento y vigilancia, podemos explorar con confianza el vasto potencial de las criptomonedas y al mismo tiempo proteger de cualquier daño nuestras inversiones ganadas con tanto esfuerzo.

En conclusión, proteger sus inversiones de hacks y estafas es crucial para navegar en el mercado de las criptomonedas. La frontera digital presenta tanto oportunidades como riesgos y, como inversores responsables, es esencial ser proactivos a la hora de salvaguardar nuestros criptoactivos. Al adoptar medidas de seguridad sólidas, mantenernos informados sobre las últimas amenazas y educarnos a nosotros mismos y a los demás, podemos contribuir a la construcción de un ecosistema criptográfico más seguro. Recuerde, en el mundo digital, el conocimiento y la vigilancia son los escudos definitivos contra las amenazas acechantes de ataques y estafas. Al armarnos con las herramientas y la información adecuadas, podemos explorar con confianza el vasto potencial de las criptomonedas y al mismo tiempo proteger de daños nuestras inversiones ganadas con tanto esfuerzo.

Proteger sus inversiones en criptomonedas es un proceso continuo que exige vigilancia constante y medidas proactivas. Al comprender las diversas amenazas y vulnerabilidades, mantenerse informado sobre las últimas prácticas de seguridad y adoptar medidas de seguridad sólidas, podrá salvaguardar sus criptoactivos y disfrutar de una experiencia de inversión más segura y gratificante. Recuerde, la frontera digital puede ser emocionante y traicionera, pero con el conocimiento y las precauciones adecuadas, puede navegar por ella de forma segura y proteger sus inversiones de los riesgos siempre presentes de ataques y estafas.

Importancia de la diversificación

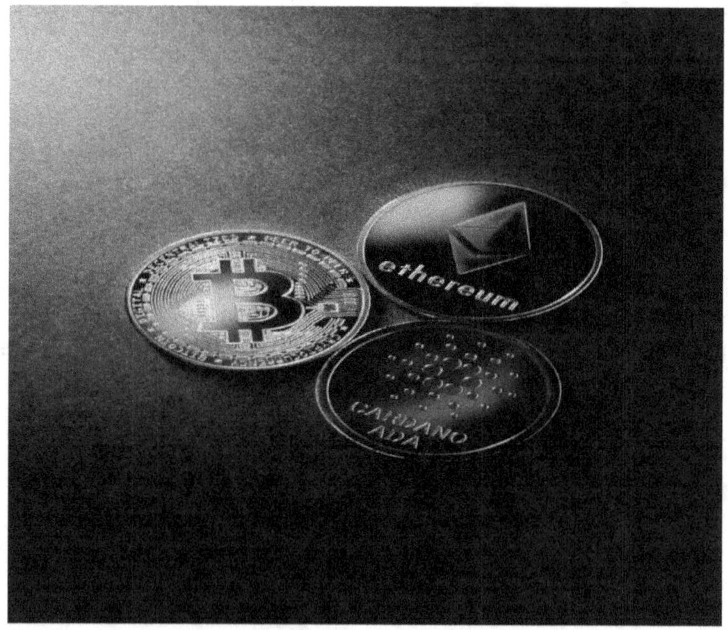

En el mundo de las finanzas y las inversiones, el dicho "No pongas todos los huevos en la misma canasta" encierra una verdad significativa. La diversificación es un concepto fundamental que ha resistido la prueba del tiempo y sigue siendo la piedra angular de una gestión exitosa de una cartera. Esta sección explora la importancia de la diversificación en las estrategias de inversión, examinando cómo ayuda a mitigar los riesgos, mejorar los rendimientos y optimizar los objetivos financieros a largo plazo. Desde la comprensión de los principios de la diversificación hasta su implementación efectiva, esta sección tiene como objetivo demostrar por qué diversificar su cartera de inversiones es un enfoque prudente y sabio.

La diversificación implica distribuir las inversiones entre diferentes activos, industrias, sectores y regiones geográficas. Al diversificarse, los inversores evitan la concentración del riesgo en una sola inversión, reduciendo la exposición a la volatilidad inherente de cualquier activo específico. La diversificación es más eficaz cuando los activos seleccionados tienen una correlación baja o negativa. Esto significa que sus precios tienden a moverse de forma independiente o en direcciones opuestas. Cuando el valor de un activo disminuye, otros pueden permanecer estables o aumentar, proporcionando un colchón contra posibles pérdidas.

Los beneficios de la diversificación son multifacéticos y de gran alcance. Una de las principales ventajas es la mitigación de riesgos. Una cartera diversificada es menos susceptible a fluctuaciones extremas de valor, lo que proporciona estabilidad y protege contra pérdidas significativas. Al reducir el impacto de la volatilidad de los activos individuales, los inversores pueden capear mejor las crisis del mercado y mantener un nivel de riqueza más consistente. Además, la diversificación puede conducir a mejores rendimientos ajustados al riesgo. Si bien los activos individuales pueden experimentar fluctuaciones, una cartera bien diversificada puede generar rendimientos más fluidos y consistentes a lo largo del tiempo. Esto podría mejorar el rendimiento general en comparación con las inversiones concentradas.

Además, la diversificación permite a los inversores participar en diversas oportunidades de crecimiento en diferentes industrias y sectores. Les permite capitalizar el potencial de los mercados emergentes y al mismo tiempo mitiga los riesgos asociados con la exposición concentrada. La diversificación geográfica es otro aspecto crítico de una cartera diversificada. Invertir en activos de diferentes regiones y países reduce la exposición a los riesgos inherentes a la economía o al entorno regulatorio de un solo país.

La implementación de estrategias de diversificación implica varios enfoques, cada uno de ellos adaptado a la tolerancia al riesgo, los objetivos financieros y el horizonte de inversión del inversor. La asignación de activos es un principio central de la diversificación, ya que implica distribuir las inversiones entre varias clases de activos, como acciones, bonos, bienes raíces y materias primas. Una asignación de activos bien equilibrada puede ayudar a optimizar la rentabilidad y gestionar el riesgo.

La diversificación sectorial implica invertir en diversas industrias, como tecnología, atención médica, finanzas y bienes de consumo. Esta estrategia reduce el impacto de los riesgos específicos de la industria y permite a los inversores beneficiarse del crecimiento en múltiples sectores. La diversificación temporal, por otro lado, se refiere a la práctica de distribuir las inversiones en diferentes períodos de tiempo, lo que se conoce como promedio de costos en dólares. Invertir periódicamente una cantidad fija a lo largo del tiempo puede ayudar a mitigar el riesgo de sincronización del mercado y suavizar la volatilidad del mercado.

Si bien la diversificación ofrece numerosos beneficios, los inversores también deben tener en cuenta los peligros potenciales de una diversificación excesiva. La dilución de los rendimientos es uno de esos riesgos, donde una cartera excesivamente diversificada puede diluir las ganancias potenciales. Cuando una cartera se diversifica demasiado, el impacto de las inversiones exitosas puede verse disminuido por activos de bajo rendimiento.

Para garantizar la eficacia de la diversificación, el seguimiento periódico y el reequilibrio de la cartera son esenciales. Las fluctuaciones del mercado pueden provocar una desviación en la asignación original de la cartera, lo que requerirá ajustes para mantener el nivel deseado de diversificación.

El nivel de diversificación debe alinearse con el apetito por el riesgo y el horizonte temporal de inversión del inversor. Los inversores agresivos pueden optar por carteras más concentradas, mientras que los inversores conservadores pueden preferir un mayor nivel de diversificación. Además, el horizonte temporal de la inversión juega un papel crucial a la hora de determinar el nivel adecuado de diversificación. Los inversores a más largo plazo pueden tener una mayor tolerancia a las fluctuaciones a corto plazo y pueden darse el lujo de diversificarse hacia activos más riesgosos.

En conclusión, no se puede subestimar la importancia de la diversificación en el ámbito de la inversión. Al distribuir el riesgo y la exposición entre diversos activos, industrias, sectores y regiones, la diversificación proporciona una salvaguardia fundamental contra la volatilidad del mercado y las pérdidas potenciales. Una cartera bien diversificada mejora los rendimientos ajustados al riesgo, garantizando un camino más fluido hacia el logro de los objetivos financieros.

Las estrategias de diversificación eficaces, como la asignación de activos y la diversificación geográfica, sectorial y temporal, permiten a los inversores adaptar sus carteras a su apetito por el riesgo y a su horizonte temporal de inversión. Sin embargo, es esencial lograr un equilibrio para evitar una diversificación excesiva, que podría diluir los rendimientos potenciales.

Mientras los inversores navegan por el dinámico panorama financiero, el principio duradero de la diversificación sigue siendo un modelo de gestión financiera sólida. Al adherirse a los principios de la diversificación y revisar y reequilibrar periódicamente las carteras, los inversores pueden perseguir con confianza sus aspiraciones financieras a largo plazo mientras mitigan los riesgos y capitalizan las oportunidades en el panorama de inversiones en constante evolución. Adoptar la diversificación como principio fundamental permite a los inversores tomar decisiones bien informadas y crear carteras resilientes que resistan la prueba del tiempo en un entorno de mercado volátil e impredecible.

Lidiar con la volatilidad del mercado

La volatilidad del mercado es un aspecto inherente de los mercados financieros, caracterizado por fluctuaciones de precios rápidas e impredecibles. Si bien presenta riesgos y oportunidades, puede resultar inquietante para los inversores que buscan estabilidad y rentabilidad constante. En esta sección, profundizamos en el fenómeno de la volatilidad del mercado, explorando sus causas, impacto y estrategias para afrontar y capitalizar las condiciones turbulentas del mercado. Desde comprender la psicología de la volatilidad hasta implementar técnicas prudentes de gestión de riesgos, esta sección tiene como objetivo dotar a los inversores del conocimiento necesario para navegar en los mares tormentosos de la volatilidad del mercado.

El grado en que los precios de diversos activos financieros fluctúan durante un período de tiempo determinado es la esencia de lo que se entiende por "volatilidad del mercado". Una alta volatilidad implica oscilaciones de precios rápidas y considerables, mientras que una baja volatilidad implica movimientos de precios relativamente estables y predecibles. Varios factores, incluidos los indicadores económicos, los acontecimientos geopolíticos, los informes de ganancias corporativas, los cambios en las tasas de interés y el sentimiento de los inversores, pueden desencadenar la volatilidad del mercado.

Una de las principales causas de la volatilidad del mercado es la incertidumbre. Los acontecimientos económicos y geopolíticos, como las disputas comerciales, la inestabilidad política o las crisis económicas mundiales, pueden inyectar incertidumbre en el mercado y provocar mayores fluctuaciones de precios. Además, los anuncios inesperados de las empresas, los cambios regulatorios o incluso los desastres naturales también pueden contribuir a la volatilidad del mercado.

El impacto de la volatilidad del mercado en el comportamiento de los inversores es significativo. El miedo a perder dinero durante períodos turbulentos puede llevar a una toma de decisiones emocional, como ventas de pánico durante las caídas del mercado y compras FOMO (Fear of Missing Out) durante los repuntes. Los sesgos cognitivos, como la aversión a las pérdidas y la mentalidad de rebaño, exacerban significativamente la volatilidad del mercado. Los inversores suelen reaccionar más negativamente ante las pérdidas que ante las ganancias, lo que puede dar lugar a un comportamiento reacio al riesgo durante períodos de condiciones de mercado volátiles.

Los inversores que reaccionan emocionalmente a la volatilidad del mercado pueden participar en operaciones a corto plazo, intentando cronometrar el mercado para evitar pérdidas o capturar ganancias rápidas. Sin embargo, estas estrategias pueden ser riesgosas y conducir a resultados subóptimos. Los inversores emocionales pueden ser más susceptibles a las operaciones impulsivas, desviándose de sus planes de inversión a largo plazo.

Para hacer frente a la volatilidad del mercado, los inversores deben mantener una perspectiva a largo plazo. Centrarse en objetivos de inversión a largo plazo puede ayudar a los inversores a resistir las fluctuaciones del mercado a corto plazo. La volatilidad es una parte natural del ciclo del mercado y una estrategia bien diversificada a largo plazo puede ayudar a suavizar los retornos.

La diversificación es una herramienta poderosa para mitigar el impacto de la volatilidad del mercado en una cartera. La diversificación ayuda a disminuir el impacto de la volatilidad del mercado en una cartera al distribuir las inversiones entre una variedad de clases de activos, industrias y regiones geográficas. Una cartera diversificada consta de una variedad de activos, como acciones, bonos, bienes raíces, materias primas y posiblemente incluso otros tipos de inversiones. Este tipo de cartera logra un equilibrio saludable entre el potencial de crecimiento y la probabilidad de mantener su valor.

La revisión periódica de la cartera es otro aspecto esencial para hacer frente a la volatilidad del mercado. La revisión periódica de la cartera permite a los inversores reequilibrar su asignación de activos, garantizando que se alinee con su tolerancia al riesgo y sus objetivos financieros. El reequilibrio implica ajustar la asignación de activos de la cartera a su asignación objetivo original. Durante períodos de volatilidad del mercado, algunos activos pueden tener un rendimiento superior mientras que otros tienen un rendimiento inferior, lo que genera desviaciones de la asignación original.

Si bien la volatilidad del mercado puede resultar inquietante, también presenta oportunidades para los inversores. Una de esas estrategias es el promedio de costos en dólares. Invertir periódicamente cantidades fijas a lo largo del tiempo mediante un promedio de costos en dólares puede ser una estrategia práctica para capitalizar la volatilidad del mercado. Este enfoque permite a los inversores comprar más acciones cuando los precios son bajos y menos acciones cuando los precios son altos, lo que podría reducir el costo promedio por acción con el tiempo.

La inversión contraria es otro enfoque para hacer frente a la volatilidad del mercado. Los inversores contrarios aprovechan las oportunidades cuando los mercados son pesimistas. Los contrarios pretenden capitalizar el potencial alcista una vez que cambie el sentimiento del mercado, identificando activos infravalorados y comprándolos cuando el sentimiento sea negativo.

La inversión en valor es una estrategia adoptada por muchos inversores legendarios. Los inversores en valor se centran en el valor intrínseco de los activos en lugar de en las fluctuaciones de precios a corto plazo. Buscan activos infravalorados que tengan fundamentos sólidos, que proporcionen un margen de seguridad en tiempos volátiles.

La gestión de riesgos es fundamental cuando se trata de la volatilidad del mercado. La implementación de órdenes de limitación de pérdidas puede ayudar a mitigar pérdidas potenciales durante períodos de extrema volatilidad del mercado. Estas órdenes desencadenan la venta de un activo si su precio cae por debajo de un nivel específico. Las estrategias de cobertura, como los contratos de opciones o de futuros, pueden actuar como seguro contra movimientos adversos de precios, protegiendo la cartera de pérdidas graves.

Buscar orientación de asesores financieros experimentados puede brindar un apoyo invaluable durante condiciones de mercado inciertas. Los asesores financieros pueden ofrecer información objetiva y adaptar estrategias a situaciones financieras individuales. Pueden ayudar a los inversores a tomar decisiones informadas durante períodos de volatilidad del mercado.

En conclusión, la volatilidad del mercado es una parte inevitable del panorama de inversión. Si bien puede provocar miedo e incertidumbre, también presenta oportunidades para inversores inteligentes. Al comprender las causas y la psicología de la volatilidad del mercado, los inversores pueden hacer frente a su impacto e implementar estrategias para mitigar los riesgos y capitalizar las fluctuaciones del mercado.

Mantener una perspectiva a largo plazo, diversificar las carteras y adherirse a técnicas prudentes de gestión de riesgos puede ayudar a los inversores a navegar en aguas turbulentas. Aceptar la volatilidad como una oportunidad para promediar los costos en dólares, invertir contra la corriente e invertir en valor puede desbloquear el potencial de obtener retornos favorables.

Por último, buscar asesoramiento profesional de asesores financieros puede brindar un apoyo invaluable durante condiciones de mercado inciertas. Al dotarse de conocimiento, disciplina y perspicacia, los inversores pueden capear con confianza las tormentas de la volatilidad del mercado y dirigir sus inversiones hacia el éxito a largo plazo. Aceptar la volatilidad como un aspecto inevitable del proceso de inversión permite a los inversores aprovechar las oportunidades, optimizar los rendimientos y crear carteras resilientes que resistan las mareas de la volatilidad del mercado.

CAPÍTULO VI

Entorno Regulatorio y Consideraciones Legales

Panorama regulatorio global para las criptomonedas

Las criptomonedas han revolucionado el panorama financiero, ofreciendo alternativas descentralizadas y sin fronteras a los sistemas monetarios tradicionales. Sin embargo, el auge de las criptomonedas también ha presentado a los reguladores desafíos sin precedentes. En esta sección, exploramos el panorama regulatorio global para las criptomonedas, examinando cómo diferentes países y regiones han respondido al surgimiento de los activos digitales. Desde los diversos enfoques de las regulaciones hasta el impacto en el mercado de las criptomonedas, esta sección tiene como objetivo arrojar luz sobre la compleja red de leyes y directrices que rigen las criptomonedas en todo el mundo.

La necesidad de regulación en el espacio de las criptomonedas surge de diversas preocupaciones, principalmente relacionadas con los riesgos financieros, la integridad del mercado y la protección de los inversores. La naturaleza descentralizada y seudónima de las criptomonedas ha generado preocupación sobre posibles riesgos financieros, como el lavado de dinero, la financiación del terrorismo y el fraude. La regulación se considera un medio para abordar estos riesgos y proteger a los consumidores e inversores. Además, la falta de supervisión y estandarización de las criptomonedas ha expuesto a los inversores a estafas, manipulación del mercado y ataques cibernéticos. Las medidas regulatorias están diseñadas para garantizar la integridad del mercado y mejorar la protección de los inversores.

Los reguladores de todo el mundo han adoptado diferentes enfoques para abordar los desafíos que plantean las criptomonedas. Algunos países han adoptado un enfoque estricto al prohibir completamente las criptomonedas y su uso. Las razones para la prohibición varían, desde preocupaciones sobre actividades ilícitas hasta preservar el control sobre los sistemas monetarios nacionales. Por otro lado, algunos países han adoptado las criptomonedas y las han reconocido formalmente como instrumentos legales para determinadas transacciones. Su objetivo es fomentar la innovación y al mismo tiempo proteger contra riesgos potenciales. Muchos países han optado por marcos regulatorios integrales que cubren diversos aspectos del ecosistema de las criptomonedas, incluidos los intercambios, las ofertas iniciales de monedas (ICO) y los emisores de tokens.

Existe una variación significativa entre los entornos regulatorios para las criptomonedas en cada una de estas regiones. En Europa, los enfoques de regulación de las criptomonedas difieren de un país a otro. Algunos países han adoptado regulaciones explícitas, mientras que otros se basan en las leyes financieras existentes para abordar las actividades relacionadas con las criptomonedas. La Unión Europea está trabajando para armonizar las regulaciones sobre criptomonedas en todos los estados miembros para crear un marco más cohesivo. En Estados Unidos, diferentes agencias reguladoras supervisan diversos aspectos de la industria de las criptomonedas. La Comisión de Bolsa y Valores (SEC) se centra en las ICO y las regulaciones de valores, mientras que la Comisión de Comercio de Futuros de Productos Básicos (CFTC) regula los derivados de criptomonedas. En Asia, el panorama regulatorio es diverso. Algunos países, como Japón, han adoptado las criptomonedas mediante la promulgación de marcos legales integrales. Sin embargo, otros, como China, han adoptado un enfoque más restrictivo, prohibiendo ciertas actividades con criptomonedas.

La falta de uniformidad en las regulaciones sobre criptomonedas en diferentes jurisdicciones ha creado desafíos de cumplimiento para las empresas que operan a nivel mundial. Las empresas a menudo tienen que navegar por un complejo y cambiante mosaico de regulaciones. Además, las diferencias en los enfoques regulatorios entre países han llevado al arbitraje regulatorio, donde las empresas pueden optar por trabajar en jurisdicciones con regulaciones más favorables, lo que potencialmente genera desafíos regulatorios para otros países.

Si bien la regulación es esencial para abordar los riesgos y proteger a los inversores, puede tener un impacto significativo en el mercado de las criptomonedas. Los cambios regulatorios pueden afectar significativamente los precios de las criptomonedas y el sentimiento del mercado. Las noticias sobre regulaciones favorables pueden desencadenar repuntes en el mercado, mientras que los anuncios regulatorios negativos pueden provocar fuertes caídas. Unas regulaciones bien diseñadas pueden mejorar la confianza de los inversores al proporcionar directrices y salvaguardias claras. Por otro lado, la falta de claridad regulatoria puede disuadir la adopción generalizada de criptomonedas.

Equilibrar la innovación y la regulación sigue siendo un desafío clave para los responsables de la formulación de políticas. Lograr el equilibrio adecuado entre el fomento de la innovación y la implementación de las regulaciones necesarias es esencial para respaldar el crecimiento de la industria de las criptomonedas y al mismo tiempo protegerse contra riesgos potenciales. La cooperación internacional también es crucial, dada la naturaleza global de las criptomonedas. Los enfoques colaborativos pueden abordar cuestiones transfronterizas y promover la coherencia en las regulaciones. Los entornos de pruebas regulatorios han surgido como una forma de observar y comprender las tecnologías emergentes antes de implementar regulaciones integrales. Estos entornos limitados permiten que las empresas de tecnología financiera, incluidas las empresas de criptomonedas, operen en condiciones controladas.

En conclusión, el panorama regulatorio global para las criptomonedas es complejo y está en evolución. Los países y regiones han adoptado diversos enfoques, desde la prohibición hasta la aceptación y la regulación integral. Las preocupaciones sobre los riesgos financieros, la integridad del mercado y la protección de los inversores impulsan la necesidad de supervisión regulatoria.

A medida que las criptomonedas continúan atrayendo la atención generalizada, encontrar el equilibrio adecuado entre innovación y regulación sigue siendo crucial. Los formuladores de políticas deben fomentar un entorno que fomente los avances tecnológicos y al mismo tiempo proteja contra riesgos potenciales. La cooperación internacional y los entornos de pruebas regulatorios ofrecen vías para abordar desafíos transfronterizos y probar ideas innovadoras.

No se puede negar que las regulaciones han tenido un efecto en el mercado de las criptomonedas. Los cambios regulatorios a menudo influyen en la volatilidad del mercado y la confianza de los inversores. Unas regulaciones claras y equilibradas pueden promover la confianza de los inversores y respaldar el crecimiento de la industria de las criptomonedas.

En conclusión, el panorama regulatorio global para las criptomonedas es multifacético y dinámico. A medida que evoluciona el mercado de las criptomonedas, también lo hará el entorno regulatorio. Los formuladores de políticas enfrentan el desafío constante de elaborar regulaciones efectivas que fomenten la innovación, protejan a los consumidores y promuevan la integridad del mercado. Lograr el equilibrio adecuado es fundamental para desbloquear todo el potencial de las criptomonedas en el panorama financiero moderno.

Implicaciones fiscales de las inversiones en Altcoin

Como resultado de la continua expansión y desarrollo del mercado de las criptomonedas, los inversores están diversificando cada vez más sus carteras para incluir altcoins, que son criptomonedas alternativas al Bitcoin. Si bien las inversiones en altcoins ofrecen oportunidades interesantes para obtener ganancias potenciales, también tienen implicaciones fiscales únicas. Esta sección explora el panorama fiscal que rodea las inversiones en altcoins, examinando cómo las diferentes autoridades fiscales abordan los activos digitales. Desde comprender la clasificación fiscal de las altcoins hasta navegar por los requisitos de presentación de informes y las estrategias de planificación fiscal, esta sección tiene como objetivo proporcionar a los inversores información esencial para garantizar el cumplimiento y optimizar sus posiciones fiscales.

La clasificación fiscal de las altcoins a menudo depende de cómo las clasifiquen las autoridades fiscales. Algunos países consideran las altcoins como monedas, sometiéndolas a normas fiscales regulares sobre la renta o sobre las ganancias de capital. Otros tratan las altcoins como propiedades o mercancías, lo que da como resultado un tratamiento fiscal diferente. En los países que clasifican las altcoins como propiedad, las ganancias de las inversiones en altcoins pueden tratarse como ganancias de capital, que se gravan a una tasa diferente a la de los ingresos ordinarios. Por otro lado, si las altcoins se consideran monedas, las ganancias del comercio pueden estar sujetas a las tasas regulares del impuesto sobre la renta.

Mantener registros detallados de las transacciones de altcoins es esencial para la declaración de impuestos. Las transacciones deben incluir fechas, precios de compra, precios de venta, tarifas y cualquier otra información relevante para calcular ganancias o pérdidas. Los requisitos de declaración de impuestos para las inversiones en altcoins pueden variar según el país y el valor de las transacciones. Algunos países tienen umbrales de informes específicos para transacciones de criptomonedas que los inversores deben conocer.

El tratamiento fiscal del comercio de altcoins varía según la clasificación de altcoins del país. En los países donde las altcoins se tratan como propiedad, el impuesto a las ganancias de capital generalmente se aplica a las ganancias de la venta de altcoins mantenidas con fines de inversión. Las ganancias a corto plazo (mantenidas durante menos de un año) pueden estar sujetas a impuestos a tasas más altas que las ganancias a largo plazo (mantenidas durante más de un año). Si las altcoins se tratan como monedas, las ganancias del comercio pueden estar sujetas a las tasas regulares del impuesto sobre la renta. La frecuencia y el volumen de las transacciones pueden influir en si la actividad se considera un negocio y se grava como tal.

La minería de altcoins implica validar transacciones y agregar bloques a la cadena de bloques. El valor de las monedas extraídas generalmente se trata como ingreso sujeto a impuestos en el momento de su recepción. Apostar implica participar activamente en la protección de una cadena de bloques de prueba de participación manteniendo y "apoyando" altcoins. Dependiendo de las leyes fiscales del país, las ganancias de las apuestas podrían considerarse ingresos imponibles y podrían estar sujetas al impuesto sobre la renta o al impuesto sobre las ganancias de capital.

Las estrategias de planificación fiscal pueden ayudar a los inversores a optimizar sus posiciones fiscales. Comprender las implicaciones fiscales de las tenencias a corto plazo frente a las de largo plazo puede influir en las decisiones de inversión. Los inversores pueden optar por estrategias a largo plazo para beneficiarse de tipos impositivos más bajos sobre las ganancias de capital. La recolección de pérdidas fiscales implica la venta estratégica de activos perdedores para compensar las ganancias de capital y reducir la obligación tributaria general. Este enfoque puede resultar útil durante períodos de desaceleración del mercado.

Las inversiones transfronterizas en altcoins pueden generar implicaciones fiscales tanto en el país de origen del inversor como en el país donde se encuentra el intercambio de altcoins. Los tratados fiscales entre países pueden afectar la forma en que se aborda la doble imposición. Los inversores con tenencias de altcoins en divisas pueden tener obligaciones de presentación de informes, como los requisitos de la Ley de Cumplimiento

Fiscal de Cuentas Extranjeras (FATCA) en los Estados Unidos.

A medida que las inversiones en altcoins ganan popularidad, comprender las implicaciones fiscales de estos activos digitales se vuelve crucial para los inversores. La clasificación fiscal de las altcoins, ya sea como moneda o propiedad, tiene un impacto significativo en las tasas impositivas y los requisitos de presentación de informes. El mantenimiento de registros y la presentación de informes precisos de las transacciones de altcoins son esenciales para garantizar el cumplimiento de las leyes fiscales.

Los inversores deben tener en cuenta los diferentes tratamientos fiscales para las actividades de comercio, minería y apuestas de altcoins. Las estrategias de planificación fiscal, como considerar el período de tenencia y emplear la recolección de pérdidas fiscales, pueden ayudar a optimizar las posiciones tributarias y gestionar las obligaciones tributarias.

Las inversiones transfronterizas en altcoins pueden introducir complejidades fiscales adicionales, lo que requiere conocimiento de los tratados fiscales y los requisitos de presentación de informes de cuentas en el extranjero.

Es probable que las regulaciones fiscales sigan desarrollándose a medida que el mercado de las criptomonedas siga evolucionando. Los inversores deben mantenerse informados sobre las últimas directrices fiscales y discutir con profesionales fiscales para garantizar el cumplimiento y tomar decisiones informadas sobre sus inversiones en altcoins. Un enfoque proactivo e informado de la tributación de las altcoins permitirá a los inversores navegar por las complejidades e incertidumbres del panorama fiscal global en el mundo de los activos digitales.

Cumplimiento AML y KYC en el espacio criptográfico

El rápido crecimiento de la industria de las criptomonedas ha generado nuevas oportunidades y desafíos para los reguladores y las partes interesadas. A medida que el uso de activos digitales continúa extendiéndose por toda la sociedad, la necesidad de cumplir con las normas contra el lavado de dinero (AML), así como con el conocimiento de su cliente (KYC), se vuelve primordial. Esta sección profundiza en la importancia de las medidas AML y KYC en el espacio criptográfico. Exploramos el panorama regulatorio en evolución, la importancia de los protocolos AML y KYC para protegerse contra actividades ilícitas, los desafíos que enfrentan las empresas de cifrado y los posibles desarrollos futuros en el ámbito del cumplimiento AML y KYC.

AML y KYC son pilares fundamentales del sistema financiero tradicional, establecidos para prevenir el lavado de dinero, el financiamiento del terrorismo y otros delitos financieros. Estas medidas ayudan a las instituciones financieras a verificar las identidades de sus clientes y evaluar sus perfiles de riesgo. Con su naturaleza descentralizada y seudónima, el espacio de las criptomonedas presenta desafíos únicos para implementar el cumplimiento AML y KYC. Sin embargo, abordar estos desafíos es crucial para fomentar un ecosistema financiero digital más seguro y transparente.

No se puede subestimar la importancia de AML y KYC en las criptomonedas. La naturaleza descentralizada de las criptomonedas las hace atractivas para los delincuentes que buscan lavar dinero y financiar actividades ilegales. Sin los protocolos AML y KYC adecuados, las transacciones criptográficas pueden facilitar los flujos financieros ilícitos, amenazando la estabilidad y la seguridad financieras globales.

Para combatir el lavado de dinero y salvaguardar la protección de los inversores, los reguladores de todo el mundo han reconocido la necesidad de hacer cumplir el cumplimiento AML y KYC en las empresas de criptomonedas. Organizaciones internacionales, como el Grupo de Acción Financiera Internacional (GAFI), han emitido directrices para promover estándares coherentes AML y KYC a nivel mundial.

Sin embargo, persisten diferencias jurisdiccionales a pesar de los esfuerzos por armonizar las regulaciones AML y KYC. Los diferentes países abordan la regulación de las criptomonedas de manera diferente, lo que genera posibles desafíos de cumplimiento y arbitraje regulatorio para las empresas de criptomonedas que operan a través de fronteras.

Un desafío importante en el cumplimiento de AML y KYC es la naturaleza seudónima de las criptomonedas. A diferencia de los sistemas financieros tradicionales donde las identidades de los clientes están fácilmente disponibles, las transacciones de criptomonedas se realizan a través de direcciones públicas y claves privadas. Verificar las identidades de las partes que realizan transacciones puede resultar complejo, especialmente en los intercambios descentralizados que facilitan las transacciones entre pares.

Las preocupaciones sobre la privacidad también entran en juego al implementar medidas KYC en criptografía. Si bien KYC es esencial para el cumplimiento de la lucha contra el lavado de dinero, a menudo implica recopilar datos personales confidenciales de los usuarios. Lograr un equilibrio entre los requisitos regulatorios y la privacidad del usuario es un desafío para las empresas de cifrado.

Además, la naturaleza sin fronteras de las criptomonedas añade complejidad al cumplimiento transfronterizo de AML y KYC. Las transacciones criptográficas pueden ocurrir sin problemas a través de fronteras nacionales, lo que hace que hacer cumplir los requisitos AML y KYC sea un desafío constante.

Los intercambios de criptomonedas y las plataformas comerciales son cruciales para el cumplimiento de AML y KYC. Muchos intercambios de buena reputación requieren que los usuarios completen procedimientos de verificación de identidad antes de participar en actividades comerciales. Esto garantiza que sólo los usuarios legítimos con identidades verificadas puedan acceder a los servicios comerciales.

De manera similar, los proveedores de billeteras criptográficas y otros proveedores de servicios criptográficos deben cumplir con los requisitos AML y KYC. El nivel de cumplimiento puede variar según la naturaleza de los servicios ofrecidos, pero en la mayoría de los casos, se implementan medidas KYC para mejorar la transparencia y la seguridad.

Para hacer cumplir el cumplimiento de AML y KYC, los reguladores realizan inspecciones y auditorías periódicas de las empresas de cifrado. El incumplimiento de las normas AML y KYC puede dar lugar a sanciones graves, como multas elevadas y revocaciones de licencias.

Las acciones de cumplimiento regulatorio están aumentando para combatir el lavado de dinero y otras actividades ilícitas. Los reguladores están interesados en rastrear transacciones sospechosas e identificar entidades involucradas en el lavado de dinero o el financiamiento del terrorismo.

Las innovaciones en tecnología AML y KYC también están dando forma al panorama del cumplimiento. Han surgido empresas de análisis de blockchain para ayudar a rastrear transacciones sospechosas e identificar actividades ilícitas en blockchain. Estas empresas utilizan algoritmos sofisticados e inteligencia artificial para analizar datos de blockchain e identificar patrones de comportamiento sospechoso.

Se están desarrollando tecnologías de mejora de la privacidad para abordar las preocupaciones sobre la privacidad y al mismo tiempo permitir el cumplimiento de AML y KYC. Técnicas como las pruebas de conocimiento cero y los protocolos de mezcla de monedas tienen como objetivo proporcionar una mayor privacidad a los usuarios y al mismo tiempo garantizar el cumplimiento de las normas.

El futuro del cumplimiento de AML y KYC en el espacio criptográfico depende de lograr un equilibrio entre los requisitos regulatorios y la privacidad del usuario. Es probable que se apliquen de manera más estricta las medidas AML y KYC a medida que la industria continúa atrayendo la atención regulatoria.

La cooperación transfronteriza entre los reguladores será crucial para combatir eficazmente el lavado de dinero y las actividades ilícitas en el ecosistema criptográfico global. Los esfuerzos de colaboración entre países pueden prevenir el arbitraje regulatorio y garantizar estándares ALD y KYC consistentes en todo el mundo.

A medida que el espacio criptográfico madure, el compromiso de la industria con el cumplimiento de AML y KYC dará forma a su reputación e integración en el ecosistema financiero más amplio. Lograr un equilibrio entre el cumplimiento y la privacidad es esencial para garantizar el crecimiento sostenible y la legitimidad de las criptomonedas como fuerza transformadora en la economía global.

En conclusión, el cumplimiento de AML y KYC en criptografía es vital para garantizar un ecosistema financiero seguro y transparente. Abordar los desafíos que plantea la naturaleza descentralizada y seudónima de las criptomonedas es esencial para prevenir el lavado de dinero y salvaguardar la protección de los inversores.

Se están realizando esfuerzos regulatorios para armonizar los estándares AML y KYC a nivel mundial, pero persisten las variaciones jurisdiccionales. La aplicación más estricta de las regulaciones AML y KYC va en aumento, y las empresas de cifrado deben priorizar el cumplimiento para evitar sanciones severas.

Las innovaciones en la tecnología AML y KYC, como el análisis de blockchain y las soluciones de mejora de la privacidad, están dando forma al futuro del cumplimiento. Sin embargo, equilibrar los requisitos regulatorios y la privacidad del usuario sigue siendo un desafío para la industria.

La cooperación transfronteriza entre los reguladores es fundamental para combatir eficazmente el lavado de dinero y las actividades ilícitas en el sector criptográfico global. La colaboración entre países puede garantizar estándares ALD y KYC consistentes y evitar lagunas regulatorias.

A medida que evoluciona la industria de las criptomonedas, el cumplimiento de AML y KYC desempeñará un papel cada vez más vital en la configuración de su reputación y su integración en el ecosistema financiero más amplio. Con medidas proactivas e informadas, el espacio criptográfico puede seguir prosperando como una fuerza segura y transformadora en el panorama financiero moderno.

CAPÍTULO VII

El futuro de las Altcoins y las ICO

Tendencias emergentes en el mercado de las criptomonedas

El mercado de las criptomonedas ha avanzado mucho desde la introducción de Bitcoin hace más de una década. A medida que la industria evoluciona, presenta un panorama dinámico con numerosas oportunidades y desafíos. En esta sección, exploramos las tendencias emergentes en el mercado de las criptomonedas, profundizando en los últimos desarrollos, avances tecnológicos, cambios regulatorios y cambios en el comportamiento de los inversores. Desde el auge de las finanzas descentralizadas (DeFi) hasta la investigación de las monedas digitales de los bancos centrales (CBDC), esta sección tiene como objetivo arrojar luz sobre el futuro de los activos digitales y su impacto en el ecosistema financiero global.

Las finanzas descentralizadas, o DeFi, se han convertido en una de las tendencias más importantes en la industria de las criptomonedas. DeFi es la utilización de la tecnología blockchain y contratos inteligentes para crear instrumentos financieros descentralizados, como plataformas de préstamos, intercambios descentralizados (DEX) y monedas estables. Los protocolos DeFi eliminan la necesidad de intermediarios y brindan a los usuarios un mayor control sobre sus activos financieros. El crecimiento de DeFi ha sido exponencial, con miles de millones de dólares encerrados en varios protocolos DeFi. Sin embargo, a medida que el espacio DeFi se expande, surgen desafíos de seguridad, escalabilidad y cumplimiento normativo. No obstante, el potencial de DeFi para remodelar las finanzas tradicionales y democratizar el acceso a los servicios financieros sigue atrayendo la atención tanto de inversores como de reguladores.

Los tokens no fungibles (NFT) han superado a las industrias del arte, los juegos y el entretenimiento. Los NFT son activos digitales únicos que representan la propiedad de artículos, obras de arte o bienes virtuales específicos en la cadena de bloques. Han revolucionado la propiedad digital y han demostrado el concepto de activos digitales escasos. El mercado NFT ha experimentado un crecimiento excepcional, con ventas destacadas de obras de arte digitales y bienes raíces virtuales. Sin embargo, las preocupaciones sobre el impacto ambiental de las NFT y el potencial de saturación del mercado plantean dudas sobre la sostenibilidad a largo plazo del espacio NFT.

La idea de las monedas digitales de los bancos centrales, también conocidas como (CBDC), ha ganado fuerza entre los bancos centrales de todo el mundo. Una CBDC es una forma digital de moneda fiduciaria que es distribuida y controlada por el banco central de un país. Las CBDC tienen como objetivo ofrecer un sistema de pago más eficiente y seguro preservando al mismo tiempo los beneficios de las monedas soberanas. Varios países, incluidos China y Suecia, han lanzado o puesto a prueba proyectos CBDC. Los beneficios potenciales de las CBDC incluyen transacciones transfronterizas más rápidas y económicas, inclusión financiera y una mejor transmisión de la política monetaria. Sin embargo, es necesario abordar los desafíos de la privacidad, la ciberseguridad y la interoperabilidad internacional para garantizar una implementación exitosa.

Los avances regulatorios continúan dando forma al mercado de las criptomonedas. Los gobiernos y reguladores de todo el mundo están lidiando con las complejidades de los activos digitales y tratando de equilibrar el fomento de la innovación y la protección de los inversores. La mayor claridad regulatoria y el reconocimiento de las criptomonedas como activos financieros legítimos han allanado el camino para la adopción institucional. Las principales instituciones financieras y corporaciones han comenzado a invertir en criptomonedas y algunas las han integrado en sus servicios y productos. La participación institucional ha inyectado nueva liquidez y estabilidad en el mercado, atrayendo un mayor interés de los inversores minoristas y del público en general.

El efecto medioambiental de la minería de criptomonedas se ha convertido en una preocupación importante. El proceso de extracción de criptomonedas, especialmente Bitcoin, que consume mucha energía, ha planteado dudas sobre la sostenibilidad de la industria. Los críticos argumentan que la huella de carbono de las operaciones mineras puede obstaculizar una adopción más amplia y exacerbar el cambio climático. La industria está explorando soluciones como mecanismos de consenso de prueba de participación (PoS) y minería impulsada por energías renovables. La transición a prácticas más ecológicas es crucial para la viabilidad a largo plazo del mercado de las criptomonedas.

A medida que crecen las redes blockchain, la interoperabilidad se vuelve esencial para permitir una comunicación y transacciones fluidas entre diferentes cadenas. Las soluciones de interoperabilidad, como los puentes entre cadenas y los puentes descentralizados, tienen como objetivo facilitar la transferencia de activos y datos entre cadenas de bloques dispares. Las soluciones de Capa 2, como Lightning Network para Bitcoin y la actualización Ethereum 2.0, buscan mejorar la escalabilidad y reducir los costos de transacción. Estas soluciones son vitales para una adopción más amplia de las criptomonedas como medio de pago y transacciones diarias.

Las poblaciones no bancarizadas o insuficientemente bancarizadas podrían potencialmente obtener acceso a servicios financieros mediante el uso de criptomonedas, lo que tiene el potencial de promover el objetivo de la inclusión financiera. Las personas que viven en áreas donde tienen acceso restringido a los servicios bancarios tradicionales pueden descubrir que los activos digitales les brindan la oportunidad de participar en el sistema financiero global. El mundo de la banca tradicional y el mundo de las criptomonedas están separados por una brecha que se está trabajando para cerrar mediante empresas y asociaciones innovadoras. Sin embargo, es necesario abordar los desafíos relacionados con el acceso a Internet, la alfabetización tecnológica y las barreras regulatorias para maximizar el impacto de las criptomonedas en la inclusión financiera.

La integración de la inteligencia artificial (IA) y el aprendizaje automático en el mercado de las criptomonedas está ganando impulso. Estas tecnologías permiten el análisis de datos, el reconocimiento de patrones y la predicción, mejorando las estrategias comerciales y la gestión de riesgos. Las plataformas impulsadas por IA ayudan a los comerciantes e inversores a tomar decisiones basadas en datos, identificar tendencias del mercado y detectar posibles estafas y fraudes. Sin embargo, la aplicación de la IA en el espacio criptográfico también genera preocupaciones sobre la privacidad de los datos y los sesgos algorítmicos.

La tokenización se refiere a la representación de activos del mundo real como tokens digitales en la cadena de bloques. Activos como bienes raíces, arte y productos básicos se pueden tokenizar, lo que permite una propiedad fraccionada y una mayor liquidez. La tokenización tiene la capacidad de democratizar el acceso a activos de alto valor y desbloquear nuevas oportunidades de inversión. Sin embargo, la claridad regulatoria y el desarrollo de plataformas de tokenización seguras y compatibles son esenciales para una adopción generalizada.

El mercado de las criptomonedas se está transformando rápidamente, impulsado por las tendencias emergentes que dan forma a su futuro. Las finanzas descentralizadas (DeFi) y los tokens no fungibles (NFT) revolucionan los instrumentos financieros tradicionales y la propiedad digital. Las monedas digitales de los bancos centrales (CBDC) representan un paso significativo en la evolución de las monedas fiduciarias en la era digital.

Los avances regulatorios y la adopción institucional están fomentando la maduración del mercado, mientras que las preocupaciones ambientales impulsan el impulso hacia la sostenibilidad. Las soluciones de interoperabilidad y los avances de la Capa 2 tienen como objetivo mejorar la escalabilidad y la usabilidad. Mientras tanto, la inteligencia artificial y el aprendizaje automático brindan a los comerciantes e inversores información basada en datos.

La tokenización de activos del mundo real presenta oportunidades interesantes para una mayor inclusión financiera y un acceso democratizado a oportunidades de inversión.

A medida que evoluciona el mercado de las criptomonedas, las partes interesadas deben permanecer alerta para abordar los desafíos y aprovechar las oportunidades. Los esfuerzos de colaboración entre el sector privado, los reguladores y los innovadores tecnológicos serán fundamentales para dar forma a un futuro seguro, inclusivo y sostenible para el mercado de las criptomonedas en el ecosistema financiero más amplio.

Predicciones para Altcoins y ICOs

El mundo de las criptomonedas ha sido testigo de un crecimiento y una innovación sin precedentes desde la creación de Bitcoin en 2009. A lo largo de los años, han aparecido numerosas criptomonedas alternativas (altcoins), cada una con sus características y casos de uso únicos. Además, la introducción de las Ofertas Iniciales de Monedas (ICO) revolucionó la recaudación de fondos para proyectos blockchain. Esta sección explora las predicciones para altcoins y ICOs, brindando información sobre el futuro de las inversiones digitales y la innovación blockchain.

Las altcoins han evolucionado significativamente desde los primeros días de las criptomonedas. Si bien Bitcoin sigue siendo el jugador dominante, altcoins como Ethereum, Ripple, Litecoin y otras han ganado prominencia, cada una de las cuales aborda desafíos y casos de uso específicos. Estas altcoins buscaron mejorar las limitaciones de Bitcoin, como la velocidad de las transacciones y la escalabilidad, e introdujeron características novedosas como contratos inteligentes y mejoras de privacidad.

Las altcoins atienden a diversos casos de uso, desde permitir contratos inteligentes y aplicaciones descentralizadas (dApps) hasta ofrecer transacciones más rápidas y económicas. Por ejemplo, la cadena de bloques programable de Ethereum permite a los desarrolladores crear e implementar dApps, abriendo un mundo de posibilidades en diversas industrias como las finanzas, la cadena de suministro y los juegos. El enfoque de Litecoin en una generación de bloques más rápida y tarifas más bajas lo convierte en la opción preferida para las transacciones diarias.

Se prevé que la capitalización de mercado general de las altcoins seguirá creciendo en los próximos años. A medida que la tecnología blockchain se adopte más ampliamente, las altcoins que resuelven problemas del mundo real y ganan terreno probablemente verán una apreciación significativa en su valor. Tanto los inversores como los usuarios se están volviendo más receptivos a las altcoins más allá de Bitcoin, reconociendo su potencial como tecnologías disruptivas.

A medida que la tecnología blockchain madure, más industrias y empresas reconocerán los beneficios del uso de altcoins para diversas aplicaciones. Esta mayor adopción impulsará la demanda y potencialmente conducirá a una apreciación sustancial del precio de las altcoins con casos de uso prácticos. Además, a medida que las altcoins adquieran más utilidad y uso en escenarios del mundo real, se acercarán a la aceptación generalizada.

Con la creciente popularidad de las altcoins, los reguladores de todo el mundo están mostrando un gran interés en la industria. Las predicciones sugieren que más países desarrollarán regulaciones claras para las altcoins para proteger a los inversores y fomentar un crecimiento saludable del mercado. La claridad regulatoria es esencial para atraer inversores institucionales y actores financieros tradicionales a las criptomonedas.

El auge de las ICO en 2017 vio una afluencia de proyectos blockchain que recaudaban fondos a través de la venta de tokens. Sin embargo, muchos de estos proyectos no cumplieron sus promesas, lo que generó escepticismo y la posterior caída de las ICO. La falta de regulación y diligencia debida permitió que algunos proyectos fraudulentos explotaran a inversores desprevenidos. Desde

entonces, el mercado de ICO ha madurado y los proyectos deben demostrar un producto o prototipo viable antes de lanzar sus ICO. Este cambio ha infundido mayor confianza entre los inversores y ha reducido el número de proyectos fraudulentos. Como resultado, los inversores son más exigentes y se centran en proyectos con fundamentos sólidos y avances tangibles.

Se espera que el mercado de ICO priorice la calidad sobre la cantidad. Es probable que los inversores examinen los proyectos más a fondo, centrándose en aquellos que cuentan con equipos sólidos, hojas de ruta claras y productos tangibles. Los proyectos con una visión clara y un caso de uso bien definido tienen más probabilidades de atraer financiación en el competitivo panorama de las ICO.

Se prevé que las ofertas de tokens de seguridad (STO) ganen terreno como una alternativa regulada y compatible a las ICO tradicionales. Las STO ofrecen a los inversores derechos de propiedad o capital en forma de tokens de seguridad, brindando protección adicional y cumplimiento normativo. Las STO se consideran un puente entre las finanzas tradicionales y el mundo de las criptomonedas, y atraen a los inversores que buscan más seguridad y legitimidad.

Los inversores y reguladores exigirán una mayor diligencia debida a los emisores de ICO para garantizar la legitimidad y viabilidad de los proyectos. Esto dará como resultado un ecosistema de ICO más transparente y responsable. Los proyectos con finanzas transparentes, cumplimiento legal y equipos creíbles tienen más probabilidades de atraer la confianza de los inversores.

A medida que las altcoins y las ICO ganan reconocimiento, es probable que los inversores institucionales exploren oportunidades en el espacio criptográfico. Un mayor interés institucional puede generar importantes entradas de capital y contribuir al crecimiento general del mercado. Además, la participación de actores institucionales puede proporcionar un nivel de estabilidad y credibilidad al mercado de criptomonedas.

Las predicciones sugieren que la tecnología blockchain y las criptomonedas se integrarán aún más en los sistemas financieros tradicionales. Esta integración podría mejorar las transacciones transfronterizas, aumentar la inclusión financiera y soluciones rentables para diversos servicios financieros. Se espera que las colaboraciones entre instituciones financieras tradicionales y proyectos blockchain aceleren esta integración.

El mercado de las criptomonedas es notoriamente volátil y las altcoins no son una excepción. Los inversores deben estar preparados para fluctuaciones significativas de precios y tener en cuenta su tolerancia al riesgo antes de invertir en altcoins. La naturaleza especulativa del mercado puede provocar rápidas oscilaciones de precios, por lo que es fundamental que los inversores actúen con cautela y eviten extender demasiado sus posiciones.

El panorama regulatorio para altcoins y ICOs sigue siendo incierto en muchas jurisdicciones. Los cambios regulatorios o acciones legales inesperadas pueden afectar el sentimiento del mercado y las decisiones de inversión. Los inversores deben mantenerse informados sobre la evolución regulatoria de sus respectivos países y evaluar las posibles implicaciones de sus inversiones.

La naturaleza descentralizada de las criptomonedas las convierte en objetivos atractivos para los ciberataques. Los inversores deben actuar con cautela y adoptar medidas de seguridad sólidas para proteger sus activos digitales. Almacenar criptomonedas en billeteras seguras y seguir las mejores prácticas de seguridad en línea son pasos esenciales para salvaguardar las inversiones.

Las predicciones para altcoins y ICOs indican un futuro prometedor para la industria de las criptomonedas. Es probable que las altcoins con casos de uso práctico ganen terreno y contribuyan al crecimiento general del mercado. Se espera que las ICO, sometidas a un mayor escrutinio regulatorio, evolucionen hacia mecanismos de recaudación de fondos más transparentes y responsables.

Las altcoins y las ofertas iniciales de monedas (ICO) desempeñarán un papel importante a la hora de influir en el futuro de las inversiones digitales y la innovación de blockchain a medida que la tecnología blockchain sigue revolucionando la banca tradicional y ganando aceptación en una variedad de industrias. Sin embargo, los inversores deben acercarse al mercado con cautela, teniendo en cuenta los riesgos e incertidumbres inherentes, y realizar una investigación exhaustiva antes de decidir cómo asignar su capital. Con innovación continua y desarrollos regulatorios, el mercado de las criptomonedas está preparado para un futuro emocionante y transformador.

En conclusión, las predicciones para altcoins y ICOs sugieren un futuro dinámico y transformador para el mercado de las criptomonedas. La maduración de las altcoins y la evolución de las ICO hacia mecanismos de recaudación de fondos más regulados y compatibles son un buen augurio para el crecimiento a largo plazo de la industria. A medida que la tecnología blockchain gana una mayor adopción e integración en las finanzas tradicionales, el potencial de las altcoins y las ICO para revolucionar el ecosistema financiero global se vuelve cada vez más evidente. Sin embargo, los inversores deben proceder con cautela porque el mercado de las criptomonedas está lleno de riesgos inherentes e imprevisibilidad. Los inversores tienen la capacidad de emitir juicios bien informados y posicionarse para las posibles oportunidades que se avecinan en el mundo de las altcoins y las ofertas iniciales de monedas (ICO) si se mantienen al día con las últimas noticias y realizan un estudio exhaustivo.

Posibles desafíos y oportunidades futuras

El panorama financiero está experimentando actualmente un cambio de paradigma como resultado directo de la proliferación de las criptomonedas y la tecnología detrás de las cadenas de bloques. Estos activos digitales han pasado de ser un concepto inicialmente de nicho a un fenómeno global en el transcurso de la última década, captando la atención de propietarios de empresas, inversores y gobiernos por igual. A medida que nos aventuramos hacia el futuro, la industria de las criptomonedas y blockchain enfrenta desafíos importantes y oportunidades interesantes. En esta sección, exploramos los posibles desafíos y oportunidades que se avecinan para las criptomonedas y la tecnología blockchain.

El panorama regulatorio de las criptomonedas sigue siendo un ámbito complejo y en evolución. Los diferentes países tienen posturas variadas sobre la clasificación y el tratamiento de las criptomonedas. La ausencia de un marco regulatorio global unificado crea incertidumbre para las empresas y los inversores, lo que obstaculiza una adopción más amplia de la industria. Además, las medidas enérgicas regulatorias contra las actividades de criptomonedas en ciertas regiones pueden afectar el sentimiento del mercado y el flujo de inversión.

Sin embargo, la claridad regulatoria presenta una oportunidad para legitimar las criptomonedas y fomentar el interés institucional. Los países que establezcan regulaciones claras y amigables pueden atraer empresas de blockchain, fomentando la innovación y el crecimiento económico. Un entorno regulatorio bien definido también puede ofrecer a los inversores mayor confianza y seguridad, fomentando una participación más significativa en el mercado.

La escalabilidad es un desafío fundamental para las redes blockchain. A medida que las criptomonedas ganan aceptación generalizada, aumenta la demanda de redes más rápidas y escalables. Las limitaciones de algunas plataformas blockchain, como Bitcoin y Ethereum, para manejar un gran volumen de transacciones por segundo plantean preocupaciones sobre la escalabilidad y la experiencia del usuario. Los problemas de escalabilidad podrían obstaculizar el uso práctico de las criptomonedas para las transacciones diarias y una adopción más amplia en industrias con altos requisitos de transacción.

Resolver problemas de escalabilidad presenta una oportunidad importante para los desarrolladores de blockchain. Los proyectos que trabajan en mecanismos de consenso innovadores, fragmentación y soluciones de Capa 2 pueden desbloquear el potencial de redes más rápidas y escalables. Las mejoras en la escalabilidad podrían allanar el camino para una adopción más amplia de blockchain en diversas industrias, como las finanzas, la cadena de suministro y la atención médica. Además, una mayor escalabilidad puede mejorar la usabilidad de las aplicaciones descentralizadas (dApps) y crear ecosistemas blockchain más sólidos.

La seguridad y privacidad de las redes blockchain y las criptomonedas son cruciales para la confianza y la adopción de los usuarios. A pesar de la seguridad inherente de la tecnología blockchain, el riesgo de ciberataques, hackeos y violaciones de datos persiste. Además, la transparencia de las cadenas de bloques públicas genera preocupación sobre la privacidad del usuario, especialmente en aplicaciones donde la confidencialidad de los datos es esencial.

Los avances en las técnicas criptográficas y las pruebas de conocimiento cero ofrecen oportunidades para mejorar la seguridad y la privacidad de las redes blockchain. Los proyectos centrados en soluciones de identidad descentralizadas y transacciones privadas podrían abordar estas preocupaciones, promoviendo una adopción más amplia en industrias que requieren privacidad y seguridad de los datos. Las medidas de seguridad mejoradas pueden infundir confianza en los usuarios, mitigando los riesgos asociados con posibles ataques y actividades fraudulentas.

La interoperabilidad entre diferentes redes blockchain es esencial para transferencias fluidas de datos y activos. La falta de interoperabilidad inhibe el intercambio de valor eficiente entre diversos ecosistemas blockchain. Las redes aisladas limitan el potencial de colaboración y utilización entre cadenas, lo que obstaculiza el desarrollo de un ecosistema blockchain unificado e interconectado.

Los proyectos blockchain centrados en protocolos de interoperabilidad pueden desbloquear el verdadero potencial de las aplicaciones descentralizadas. Soluciones como puentes entre cadenas y contratos inteligentes interoperables permiten que los activos se muevan libremente entre cadenas de bloques dispares, creando un ecosistema de cadena de bloques más interconectado y vibrante. Una mayor interoperabilidad puede facilitar la colaboración entre diferentes proyectos de blockchain y mejorar la eficiencia y utilidad general de las redes de blockchain.

La naturaleza intensiva en energía de algunos mecanismos de consenso de blockchain, particularmente la prueba de trabajo (PoW), ha generado preocupación sobre el impacto ambiental de las criptomonedas. Los críticos argumentan que el consumo masivo de energía asociado con la minería PoW exacerba el cambio climático y contradice los objetivos de sostenibilidad. A medida que crece la popularidad de las criptomonedas, el impacto ambiental puede volverse más pronunciado.

La transición a mecanismos de consenso más respetuosos con el medio ambiente, como la prueba de participación (PoS), presenta una oportunidad para abordar los desafíos ambientales. Las redes PoS consumen significativamente menos energía, lo que las convierte en una opción más sostenible para la validación de blockchain. La investigación de fuentes de energía verde para las operaciones mineras también podría contribuir a una industria de criptomonedas más ecológica. Las prácticas sostenibles pueden atraer inversores conscientes del medio ambiente y contribuir a un ecosistema de criptomonedas más ecológico.

Si bien las criptomonedas prometen inclusión financiera para las poblaciones no bancarizadas o insuficientemente bancarizadas, desafíos como el acceso a la tecnología y la conectividad a Internet siguen siendo barreras para su adopción. Además, las restricciones regulatorias y la falta de conciencia obstaculizan el uso generalizado de las criptomonedas en algunas regiones. Además, la volatilidad de los precios de las criptomonedas puede plantear riesgos para las poblaciones financieramente vulnerables.

Los proyectos innovadores centrados en mejorar el acceso a las criptomonedas y simplificar la experiencia del usuario pueden impulsar la inclusión financiera. Las billeteras móviles, las iniciativas educativas y las asociaciones con organizaciones locales pueden capacitar a las personas de zonas desatendidas para participar en la economía digital. Además, las monedas estables y las soluciones de remesas basadas en blockchain pueden facilitar transacciones transfronterizas de bajo costo, beneficiando a las comunidades que dependen de las remesas.

La exploración y posible emisión de monedas digitales del banco central (CBDC) presentan desafíos y oportunidades para la industria de las criptomonedas. Las CBDC podrían competir con las criptomonedas existentes y alterar la dinámica del sistema financiero. Además, las incertidumbres regulatorias que rodean a las CBDC podrían afectar el sentimiento general del mercado de criptomonedas.

La colaboración entre las CBDC y las criptomonedas existentes podría fomentar nuevas soluciones financieras e impulsar la adopción general. Además, las CBDC podrían servir como vía de acceso para que individuos e instituciones exploren el espacio más amplio de las criptomonedas. Al aprovechar las ventajas de la tecnología blockchain, las CBDC pueden mejorar los pagos transfronterizos, reducir los costos de transacción y mejorar la inclusión financiera.

Si bien la adopción institucional ha aumentado en los últimos años, algunos actores institucionales siguen dudando en invertir en criptomonedas debido a preocupaciones sobre la volatilidad, la falta de claridad regulatoria y soluciones de custodia. Además, el tamaño relativamente pequeño del mercado de criptomonedas en comparación con los mercados financieros tradicionales puede limitar las inversiones institucionales a gran escala.

Las soluciones de custodia proporcionadas por instituciones financieras confiables y una mayor seguridad regulatoria podrían atraer a más inversores institucionales. La participación institucional puede inyectar liquidez, estabilidad y credibilidad al mercado de las criptomonedas, legitimando aún más la clase de activos. Además, la adopción de criptomonedas por parte de actores institucionales puede crear nuevas oportunidades de inversión y conducir a una mayor aceptación generalizada.

La educación de los usuarios es crucial para fomentar la adopción responsable de las criptomonedas. Muchas personas aún no están familiarizadas con los riesgos y complejidades de la inversión y el uso de criptomonedas, lo que genera posibles pérdidas y estafas. La falta de conciencia sobre las medidas de seguridad y las mejores prácticas puede exponer a los usuarios a riesgos de ciberseguridad.

Las iniciativas educativas de los actores de la industria y los organismos reguladores pueden brindar a los usuarios conocimientos sobre las mejores prácticas, medidas de seguridad y riesgos potenciales. Una mayor conciencia puede conducir a decisiones más informadas y contribuir al crecimiento general del ecosistema de las criptomonedas. La industria puede construir una base de usuarios más sólida y responsable promoviendo la educación de los usuarios.

Si bien DeFi presenta soluciones financieras revolucionarias, también plantea riesgos relacionados con vulnerabilidades de contratos inteligentes y violaciones de seguridad. Los incidentes de hackeos y exploits han puesto de relieve la necesidad de medidas de seguridad sólidas. Además, la rápida expansión de los proyectos DeFi puede generar problemas de liquidez y posibles riesgos sistémicos.

Los proyectos centrados en auditorías de seguridad y mecanismos de consenso novedosos para aplicaciones DeFi pueden mejorar la seguridad y confiabilidad del ecosistema. El potencial de DeFi para democratizar el acceso a los servicios financieros y eliminar intermediarios lo convierte en un espacio interesante para la innovación. DeFi puede convertirse en un ecosistema financiero más estable e inclusivo si aborda los problemas de seguridad e implementa medidas de gestión de riesgos.

A medida que navegamos por el futuro de las criptomonedas y la tecnología blockchain, la industria enfrenta desafíos y oportunidades. La claridad regulatoria, las soluciones de escalabilidad, los avances en seguridad y los protocolos de interoperabilidad son esenciales para el crecimiento y la adopción continuos de las redes blockchain. Además, abordar las preocupaciones ambientales y promover la inclusión financiera será vital para dar forma a un futuro sostenible e inclusivo para las criptomonedas.

Si bien persisten desafíos como la volatilidad del mercado, los riesgos de seguridad y la educación de los usuarios, el potencial de innovación transformadora, empoderamiento financiero y avances tecnológicos disruptivos hacen de la industria de las criptomonedas y blockchain una frontera apasionante. Al reconocer y superar estos desafíos, las partes interesadas pueden aprovechar las oportunidades que se avecinan y trabajar para lograr un panorama financiero más equitativo, eficiente y descentralizado. Los esfuerzos de colaboración de los gobiernos, las empresas y la comunidad serán fundamentales para dar forma al futuro de las criptomonedas y la tecnología blockchain, allanando el camino para una economía digital más inclusiva y conectada.

CAPÍTULO VIII

Estudios de caso

Historias de éxito notables de Altcoins

Desde el nacimiento de Bitcoin en 2009, el mercado de las criptomonedas ha experimentado un crecimiento significativo, con numerosas altcoins surgiendo para abordar diversos casos de uso y desafíos. Si bien Bitcoin sigue siendo la criptomoneda más dominante, muchas altcoins han logrado un éxito y reconocimiento notables. En esta sección, profundizamos en las historias de éxito notables de altcoins, destacando las criptomonedas innovadoras que han impactado significativamente el espacio de los activos digitales y la industria blockchain en general.

Ethereum, fundada por Vitalik Buterin en 2015, es una de las altcoins más destacadas del mercado actual. Fue pionera en la idea de contratos inteligentes, que hicieron posible que los desarrolladores crearan aplicaciones descentralizadas (dApps) en su blockchain. Esta cadena de bloques programable abrió un mundo de posibilidades, atrayendo desarrolladores, empresas e inversores al ecosistema Ethereum.

El éxito de Ethereum se puede atribuir a varios factores. Sus sólidas y versátiles capacidades de contratos inteligentes han facilitado la creación de varias dApps, que van desde protocolos de finanzas descentralizadas (DeFi) hasta mercados de tokens no fungibles (NFT). La vibrante comunidad de desarrolladores de Ethereum y los fuertes efectos de red han contribuido a su adopción generalizada.

El éxito de Ethereum es particularmente evidente en el espacio DeFi. El auge de DeFi de 2020 y más allá vio la proliferación de plataformas descentralizadas de préstamos y empréstitos, creadores de mercado automatizados y protocolos de cultivo de rendimiento, todos construidos sobre Ethereum. El valor total bloqueado (TVL) en los protocolos DeFi alcanzó miles de millones de dólares, lo que demuestra el dominio de Ethereum en el ecosistema DeFi.

La criptomoneda utilizada por Binance se llama Binance Coin (BNB), uno de los intercambios de criptomonedas más grandes del mundo. Binance fue fundada por Changpeng Zhao (CZ) y rápidamente ganó popularidad por su interfaz fácil de usar, sólidas medidas de seguridad y amplia selección de criptomonedas.

El éxito de BNB se puede atribuir a su utilidad dentro del ecosistema de Binance. Los operadores de la plataforma pueden utilizar BNB para pagar las tarifas comerciales y aprovechar importantes descuentos. Binance también realiza quemas periódicas de tokens, lo que reduce el suministro total de BNB y aumenta su escasez, generando así valor para los poseedores.

BNB ha ampliado sus casos de uso más allá del intercambio Binance. Ahora se utiliza para ofertas de intercambio inicial (IEO) y participación en diversas ventas de tokens. Además, BNB ahora es compatible con Binance Smart Chain (BSC), lo que proporciona una plataforma para que los desarrolladores creen dApps con tarifas de transacción más bajas.

Cardano, fundada por Charles Hoskinson, adopta un enfoque científico para el desarrollo de blockchain. Su objetivo es crear una red blockchain segura, escalable y sostenible a través de investigaciones rigurosas y artículos académicos revisados por pares.

El exclusivo mecanismo de consenso Ouroboros de Cardano está diseñado para ser más eficiente energéticamente que la prueba de trabajo (PoW) utilizada por Bitcoin. El protocolo Ouroboros basado en PoS garantiza que los titulares de ADA puedan participar en la validación de bloques mientras conservan los recursos energéticos.

El éxito de Cardano se extiende a su asociación con el gobierno etíope para explorar aplicaciones blockchain para soluciones de identidad y cadena de suministro. Al utilizar la tecnología blockchain, el proyecto pretende tener un impacto positivo en las vidas de millones de personas en África.

Solana es una plataforma blockchain de alto rendimiento conocida por su escalabilidad y rápidas velocidades de transacción. Su mecanismo de consenso único, Prueba de Historia (PoH), permite el procesamiento paralelo, lo que la convierte en una de las cadenas de bloques más rápidas del mercado.

La escalabilidad de Solana ha atraído numerosos proyectos DeFi a su plataforma. Los intercambios descentralizados, las plataformas de préstamos y los mercados NFT han elegido Solana como infraestructura subyacente para sus operaciones.

El ecosistema de Solana ha crecido rápidamente, atrayendo a desarrolladores, inversores y empresas por igual. Sus herramientas de desarrollo fáciles de usar y su soporte para contratos inteligentes han facilitado la creación de dApps innovadoras.

Polkadot, fundada por el Dr. Gavin Wood, tiene como objetivo proporcionar un marco para conectar múltiples cadenas de bloques, permitiéndoles interactuar sin problemas. Su modelo de interoperabilidad permite la comunicación entre cadenas y el intercambio de datos.

La arquitectura parachain única de Polkadot permite que los proyectos tengan su propia cadena de bloques dedicada conectada a la red de Polkadot. Las paracaídas pueden escalar de forma independiente mientras se benefician de la seguridad de la cadena principal de Polkadot.

El marco Substrate de Polkadot simplifica el desarrollo de blockchain, permitiendo a los desarrolladores crear blockchains personalizadas con características y funcionalidades específicas. Este marco ha fomentado la rápida innovación dentro del ecosistema de Polkadot.

Chainlink aborda uno de los desafíos críticos en el espacio blockchain: la falta de acceso a datos del mundo real. Su red Oracle descentralizada proporciona fuentes de datos confiables y seguras para contratos inteligentes, permitiéndoles interactuar con datos externos.

La sólida red Oracle de Chainlink ha obtenido una adopción significativa en el sector DeFi. Muchos protocolos DeFi dependen de los oráculos Chainlink para acceder a datos de precios externos y ejecutar transacciones financieras complejas en cadena.

Chainlink se ha asociado con varias empresas y proyectos blockchain para integrar sus servicios de Oracle. Estas colaboraciones han ampliado su presencia más allá del ecosistema DeFi y hacia las industrias de gestión de la cadena de suministro, seguros y juegos.

Litecoin, a menudo llamada "plata frente al oro de Bitcoin", fue una de las primeras altcoins y sigue estando entre las criptomonedas más reconocidas. Charlie Lee creó Litecoin con la intención de mejorar la velocidad y las tarifas de transacción de Bitcoin.

Litecoin implementó Segregated Witness (SegWit) antes que Bitcoin, mejorando su capacidad de transacción y permitiendo que Lightning Network realice transacciones más rápidas y económicas.

Litecoin ha logrado una amplia aceptación como método de pago. Muchos comerciantes y empresas aceptan Litecoin como forma de pago, consolidando su posición como una moneda digital práctica para el uso diario.

Aave es una plataforma descentralizada de préstamos y empréstitos construida sobre Ethereum. Permite a los usuarios prestar sus activos y ganar intereses, al tiempo que permite a otros pedir prestado y utilizar estos activos como garantía.

Aave fue la primera empresa en ofrecer la idea de préstamos rápidos, que permiten a los usuarios pedir prestados activos sin proporcionar ningún tipo de garantía, siempre que el préstamo se devuelva en la misma transacción que el préstamo inicial. Los préstamos flash han facilitado estrategias financieras innovadoras en el espacio DeFi.

AAVE, el token de gobernanza nativo de la plataforma, permite a los titulares participar en el proceso de toma de decisiones y proponer cambios en el protocolo. Este modelo de gobernanza descentralizada brinda a los usuarios voz y voto en el desarrollo y evolución de la plataforma.

Uniswap es un intercambio descentralizado (DEX) basado en el modelo de creador de mercado automatizado (AMM). Permite a los usuarios operar con criptomonedas sin depender de las carteras de pedidos tradicionales. Uniswap incentiva a los proveedores de liquidez con tarifas comerciales generadas en la plataforma. Este modelo ha alentado a los usuarios a proporcionar liquidez, lo que ha llevado a un intercambio más líquido y eficiente.

Uniswap lanzó su token de gobernanza, UNI, a través de un proceso de distribución justo e inclusivo. Los poseedores de tokens UNI pueden participar en las decisiones de gobernanza y proponer cambios en la plataforma.

Las altcoins notables han demostrado su valía al ofrecer soluciones y casos de uso únicos en el espacio blockchain. Las capacidades de contrato inteligente de Ethereum revolucionaron las aplicaciones descentralizadas, mientras que la utilidad de Binance Coin dentro del ecosistema de Binance consolidó su posición como una altcoin exitosa. El enfoque científico de Cardano, la escalabilidad de Solana y la interoperabilidad de Polkadot han atraído una importante atención tanto de desarrolladores como de inversores. Los oráculos descentralizados de Chainlink han cerrado la brecha entre blockchain y los datos del mundo real, liberando el potencial para varios casos de uso de blockchain. La practicidad de Litecoin como moneda digital, los préstamos descentralizados de Aave y el protocolo de liquidez automatizado de Uniswap han contribuido a sus respectivos éxitos.

Estos ejemplos de uso exitoso de monedas alternativas resaltan el potencial de la tecnología blockchain para alterar las empresas establecidas y proporcionar enfoques novedosos para resolver problemas de larga data. Estos proyectos sirven como ejemplo guía para que otras altcoins logren su propio éxito, lo que contribuye al desarrollo y la madurez de todo el ecosistema de criptomonedas y blockchain. A medida que avanzamos, es fundamental reconocer que el panorama seguirá cambiando y que pueden surgir nuevas altcoins, lo que diversificará aún más el espacio de los activos digitales y desbloqueará nuevas posibilidades para el futuro de la tecnología blockchain.

ICO que cambiaron la industria Blockchain

Desde el lanzamiento de Bitcoin, el mundo de las criptomonedas y la tecnología blockchain ha sido testigo de un crecimiento e innovación significativos. Uno de los desarrollos más revolucionarios en el espacio blockchain ha sido la aparición de las Ofertas Iniciales de Monedas (ICO) como método de financiación colectiva. Las ICO proporcionaron una nueva forma para que los proyectos de blockchain recaudaran capital mediante el suministro de sus propios tokens, lo que les permitió financiar el desarrollo, crear aplicaciones descentralizadas (dApps) y hacer realidad ideas innovadoras. El auge de las ICO en 2017 fue testigo de una afluencia masiva de nuevas criptomonedas y proyectos que buscaban cambiar el panorama de blockchain para siempre. Esta sección profundiza en las ICO que cambiaron la industria blockchain, examinando su impacto en la tecnología, las finanzas y la participación de los inversores.

La ICO que empezó todo, la ICO de Ethereum en 2014, marcó un momento crucial en la industria blockchain. Fundada por el visionario Vitalik Buterin, Ethereum introdujo el concepto de contratos inteligentes, permitiendo aplicaciones programables y descentralizadas en su blockchain. La ICO de Ethereum fue en sí misma un evento único, ya que recaudó más de $18 millones en contribuciones de Bitcoin (BTC). Más importante aún, mostró el potencial de las ICO como método de financiación colectiva para proyectos blockchain. Las sólidas y versátiles capacidades de contratos inteligentes de Ethereum facilitaron la creación de innumerables dApps, que van desde protocolos de finanzas descentralizadas (DeFi) hasta mercados de tokens no fungibles (NFT). A medida que la popularidad de Ethereum aumentó, muchas ICO exitosas se llevaron a cabo en la cadena de bloques Ethereum, solidificando su posición como plataforma líder para la innovación de cadenas de bloques.

La ICO de Filecoin en 2017 abordó un desafío importante en la industria blockchain: el almacenamiento de archivos descentralizado. Fundada por Juan Benet, Filecoin tenía como objetivo crear una red de almacenamiento de archivos descentralizada e incentivada. Al integrarse con el InterPlanetary File System (IPFS), un protocolo hipermedia distribuido que aborda la permanencia y accesibilidad de los datos, Filecoin sentó las bases para una web descentralizada. El modelo económico único de Filecoin permitió a los usuarios ganar tokens FIL alquilando su espacio de almacenamiento no utilizado. Esto incentivó a los participantes a contribuir a la red, creando un sistema de almacenamiento sólido y descentralizado. La ICO de Filecoin marcó un paso significativo hacia la solución de problemas del mundo real a través de la tecnología blockchain, proporcionando una solución de recuperación y almacenamiento de datos segura y escalable.

La ICO de EOS en 2017 atrajo mucha atención debido a su promesa de una plataforma blockchain escalable y fácil de usar. Fundada por el experimentado desarrollador de blockchain Dan Larimer, EOS abordó las limitaciones de escalabilidad de blockchains como Bitcoin y Ethereum. EOS introdujo el mecanismo de consenso de Prueba de participación delegada (DPoS) , donde los poseedores de tokens podían votar por los productores de bloques para validar las transacciones. Esto mejoró la escalabilidad y redujo las tarifas de transacción, lo que la convierte en una plataforma favorable para los desarrolladores de dApps. Además, EOS enfatizó las características amigables para los desarrolladores, proporcionando herramientas y recursos para facilitar la creación de dApps. El enfoque de EOS atrajo a desarrolladores y proyectos que buscaban una solución blockchain escalable para manejar un alto rendimiento de transacciones.

La ICO de Tezos en 2017 introdujo el concepto de gobernanza y capacidad de actualización en cadena. Fundado por Arthur y Kathleen Breitman, Tezos tenía como objetivo permitir actualizaciones de protocolo sin bifurcaciones polémicas que puedan provocar divisiones de la cadena. Tezos implementó un algoritmo de consenso de prueba de participación (PoS) único, Ouroboros, que se centró en la eficiencia energética y la reducción del impacto ambiental en comparación con las cadenas de bloques tradicionales de prueba de trabajo (PoW) como Bitcoin. Las capacidades de automodificación de Tezos permitieron a los poseedores de tokens votar sobre las actualizaciones de protocolo propuestas, lo que garantiza un proceso de toma de decisiones fluido y descentralizado. Además, Tezos enfatizó el uso de métodos formales en su proceso de desarrollo, lo que permite pruebas y verificación exhaustivas de contratos y protocolos inteligentes, mejorando la seguridad de la red.

La ICO del token de atención básica (BAT) en 2017 buscó revolucionar la industria de la publicidad digital. Fundada por Brendan Eich, creador de JavaScript y cofundador de Mozilla, BAT tenía como objetivo crear un ecosistema publicitario más eficiente y centrado en la privacidad. La ICO estaba estrechamente vinculada al navegador Brave, un navegador centrado en la privacidad que recompensaba a los usuarios con tokens BAT por optar por recibir anuncios que respetaban la privacidad. El enfoque del navegador en la privacidad del usuario y tiempos de carga más rápidos atrajo a millones de usuarios, mostrando el potencial de las soluciones publicitarias basadas en blockchain. BAT tenía como objetivo eliminar intermediarios en la industria publicitaria, permitiendo a los anunciantes recompensar directamente a los usuarios por su atención. Este modelo aseguró una distribución más justa de los ingresos publicitarios, brindando a los usuarios más control sobre sus datos y su experiencia en línea.

La ICO de Cardano en 2017 adoptó un enfoque científico para el desarrollo de blockchain, centrándose en la investigación revisada por pares y el rigor académico. Fundada por Charles Hoskinson, uno de los cofundadores de Ethereum, Cardano tenía como objetivo crear una red blockchain segura y sostenible. Cardano implementó un algoritmo de consenso de prueba de participación (PoS) único, Ouroboros, que se centró en la eficiencia energética y la reducción del impacto ambiental en comparación con las cadenas de bloques PoW como Bitcoin. Debido a que la plataforma puso un fuerte énfasis en los métodos formales, fue posible realizar pruebas y verificación exhaustivas de contratos y protocolos inteligentes. Como resultado, la seguridad y confiabilidad de la red mejoraron significativamente. El compromiso de Cardano con la investigación científica y el desarrollo transparente ha atraído una gran atención y respeto dentro de la comunidad blockchain.

La ICO de VeChain en 2017 se centró en la gestión y la transparencia de la cadena de suministro. Fundada por Sunny Lu, ex CIO de Louis Vuitton China, VeChain tenía como objetivo utilizar la tecnología blockchain para verificar y rastrear productos a lo largo de la cadena de suministro. El éxito de VeChain se puede atribuir a su fuerte enfoque en casos de uso del mundo real. El proyecto se asoció con varias empresas, incluida Walmart China, para rastrear y autenticar productos en blockchain. Al integrarse con dispositivos de Internet de las cosas (IoT), VeChain permitió la recopilación y validación de datos en tiempo real, garantizando la integridad de la información del producto. El enfoque innovador de VeChain para la gestión de la cadena de suministro ha allanado el camino para mejorar la transparencia y la confianza en diversas industrias, como la seguridad alimentaria y la autenticación de artículos de lujo.

La ICO de Chainlink en 2017 abordó un tema crucial en el espacio blockchain: proporcionar datos confiables del mundo real a contratos inteligentes. Fundada por Sergey Nazarov y Steve Ellis, Chainlink tenía como objetivo crear una red Oracle descentralizada. Los oráculos son esenciales para que los contratos inteligentes interactúen con fuentes de datos externas, lo que permite la ejecución de transacciones complejas en cadena. La red Oracle descentralizada de Chainlink conecta contratos inteligentes con fuentes de datos externas, garantizando precisión y seguridad. Este enfoque innovador obtuvo una adopción significativa en el sector DeFi, donde muchos protocolos dependen de los oráculos de Chainlink para acceder a datos de precios externos y ejecutar transacciones financieras complejas en cadena. La exitosa ICO de Chainlink marcó un importante paso adelante en el viaje de la industria blockchain hacia la usabilidad y adopción en el mundo real.

Las ICO han cambiado la faz de la industria blockchain, proporcionando un modelo revolucionario de financiación colectiva que permitió a proyectos innovadores recaudar capital y hacer realidad sus ideas. La ICO de Ethereum presentó al mundo los contratos inteligentes y las aplicaciones descentralizadas, allanando el camino para innumerables dApps y plataformas DeFi. Filecoin abordó el desafío del almacenamiento de archivos descentralizado, EOS ofreció una cadena de bloques escalable y fácil de usar, y Tezos introdujo la gobernanza y la capacidad de actualización en cadena.

BAT reinventó la publicidad digital, Cardano adoptó un enfoque científico para el desarrollo de blockchain y VeChain se centró en la transparencia de la cadena de suministro. Chainlink resolvió el problema crítico de los oráculos confiables para contratos inteligentes, conectando blockchain con el mundo real.

Estas ICO ejemplifican el poder transformador de la tecnología blockchain y el potencial de proyectos innovadores para remodelar las industrias tradicionales y resolver desafíos del mundo real. A medida que el espacio blockchain evolucione, estas ICO continuarán inspirando nuevos proyectos y soluciones, impulsando una mayor adopción y madurez en la industria blockchain.

CONCLUSIÓN

Resumen de puntos clave

A lo largo de este libro electrónico, titulado "Altcoins y ICOs: El futuro de la inversión digital y la innovación Blockchain", nos hemos embarcado en un viaje integral a través del mundo de las criptomonedas, la tecnología blockchain y el fascinante reino de las Ofertas Iniciales de Monedas (ICO). Hemos explorado la definición y las características de las altcoins, las principales altcoins del mercado, la valoración de las altcoins, las tendencias del mercado y los riesgos y beneficios de invertir en altcoins. Además, hemos profundizado en el proceso de ICO, normativa, casos de éxito, fracasos y la importancia de evaluar proyectos ICO para inversión. Además, hemos desentrañado los conceptos necesarios para comprender la tecnología blockchain, sus aplicaciones más allá de las criptomonedas y el auge de las finanzas descentralizadas (DeFi) y los tokens no fungibles (NFT). También analizamos el análisis técnico y fundamental de las altcoins y exploramos otros aspectos críticos del mercado de las criptomonedas. En esta sección final, recapitularemos los puntos clave y las conclusiones de nuestras exploraciones, enfatizando el papel fundamental de las altcoins y las ICO en la configuración del futuro de la inversión digital y la innovación blockchain.

Altcoins: la diversidad del mercado criptográfico

En nuestra discusión sobre altcoins, aprendimos que las altcoins son criptomonedas distintas de Bitcoin. Ofrecen diversas características, casos de uso y funcionalidades. Si bien algunas altcoins tienen como objetivo mejorar las limitaciones de Bitcoin, otras tienen propósitos específicos como privacidad, escalabilidad y capacidades de contratos inteligentes. Ejemplos de altcoins notables incluyen Ethereum, Binance Coin, Cardano y Solana, cada una de las cuales contribuye de manera única a la industria blockchain.

ICO: un modelo pionero de crowdfunding

Las ICO revolucionaron la forma en que los proyectos blockchain recaudan capital. A través de las ICO, las empresas emergentes y los proyectos emiten sus propios tokens al público, lo que permite la financiación en las primeras etapas. La innovadora ICO de Ethereum demostró el potencial de este modelo de financiación colectiva, lo que llevó al surgimiento de numerosas ICO y a la creación de aplicaciones descentralizadas.

Evaluación de Altcoins y proyectos ICO

Al participar en ofertas iniciales de monedas (ICO) o invertir en altcoins, es imperativo realizar una investigación exhaustiva y ejercer la debida diligencia.

Exploramos varios métodos de análisis, incluido el análisis técnico, que implica estudiar gráficos de precios y tendencias del mercado, y análisis fundamental, que evalúa el equipo, el caso de uso y la tecnología del proyecto. Se pueden obtener conocimientos sobre las probabilidades de éxito de un proyecto a partir de varias fuentes, incluida la evaluación de la experiencia del equipo y la hoja de ruta del proyecto.

Valoración de altcoins y tendencias del mercado

Comprender la valoración de las altcoins es fundamental para los inversores. Factores como la oferta total, la demanda del mercado, la utilidad y la adopción desempeñan un papel crucial a la hora de determinar el valor de una altcoin. Además, para tomar decisiones de inversión informadas en el volátil mercado de las criptomonedas, es fundamental mantenerse informado sobre la evolución y las tendencias del mercado.

Riesgos y beneficios de invertir en Altcoins

Invertir en altcoins conlleva riesgos y beneficios. Si bien los altos rendimientos potenciales pueden resultar atractivos, los inversores deben ser conscientes de la volatilidad y la naturaleza especulativa del mercado de las criptomonedas. La diversificación, las estrategias de gestión de riesgos y la inversión cautelosa son esenciales para navegar en este panorama en constante cambio.

Proceso y regulaciones de ICO

El proceso de ICO implica varios pasos, incluida la creación de documentos técnicos, la emisión de tokens y la distribución de tokens. Sin embargo, las regulaciones y el cumplimiento juegan un papel importante en el espacio de las ICO. Los diferentes países tienen posturas diferentes sobre las ICO, y los inversores deben tener en cuenta el panorama legal y regulatorio para evitar posibles obstáculos.

Historias de éxito y fracasos de las ICO

Exploramos historias de éxito notables, como el impacto transformador de Ethereum en la industria blockchain, y fuimos testigos de fracasos de ICO, lo que subraya la importancia de realizar la debida diligencia e invertir sabiamente. Proyectos como Filecoin y EOS demostraron innovación, mientras que historias de advertencia como The DAO enfatizaron la necesidad de seguridad y consenso comunitario.

Comprender la tecnología Blockchain

Nuestra exploración de la tecnología blockchain destacó su naturaleza descentralizada e inmutable, lo que la hace ideal para diversas aplicaciones más allá de las criptomonedas. El potencial de Blockchain para alterar industrias como la cadena de suministro, la atención médica y los sistemas de votación abre nuevas posibilidades de eficiencia y transparencia.

Aplicaciones de Blockchain más allá de las criptomonedas

La aparición de las finanzas descentralizadas (DeFi) y los tokens no fungibles (NFT) ha demostrado aún más la versatilidad de la tecnología blockchain. Las plataformas DeFi ofrecen servicios financieros innovadores, incluidos préstamos, empréstitos e intercambios descentralizados. Las NFT han redefinido la propiedad digital, permitiendo el comercio de activos digitales únicos como obras de arte, música y bienes raíces virtuales.

Finanzas descentralizadas (DeFi) y su crecimiento

El valor de los protocolos DeFi se ha disparado, alcanzando los miles de millones de dólares, debido a la expansión exponencial que ha experimentado el ecosistema del protocolo DeFi. El auge de DeFi ha impulsado la innovación, pero también ha expuesto vulnerabilidades y riesgos, como errores de contratos inteligentes y ataques de préstamos flash. A medida que el espacio DeFi madure, los desafíos regulatorios y las mejoras de seguridad serán cruciales para el crecimiento sostenible.

Tokens no fungibles (NFT) y propiedad digital

El mercado NFT ha experimentado un crecimiento sin precedentes, con arte digital, objetos coleccionables y bienes raíces virtuales alcanzando precios asombrosos. Las NFT ofrecen derechos de propiedad únicos sobre activos digitales, creando nuevas posibilidades para artistas y creadores de contenido. Sin embargo, en el espacio NFT surgen cuestiones de derechos de autor, propiedad intelectual y preocupaciones ambientales relacionadas con las operaciones de blockchain que consumen mucha energía.

Análisis fundamental para Altcoins y ICOs

El análisis fundamental juega un papel fundamental en la evaluación del potencial de las altcoins y los proyectos de ICO. Examinar el propósito, el equipo, la tecnología y el apoyo de la comunidad del proyecto ayuda a identificar oportunidades de inversión sólidas. Sin embargo, navegar entre las exageraciones y distinguir los proyectos genuinos de las estafas requiere un análisis cuidadoso y un pensamiento crítico.

Este libro electrónico ha proporcionado una exploración en profundidad de las altcoins, las ICO y el panorama más amplio de blockchain. Desde comprender la diversidad de altcoins hasta el potencial transformador de las ICO como modelo de financiación colectiva, hemos descubierto conceptos e ideas clave que dan forma al futuro de la inversión digital y la innovación blockchain.

A medida que evoluciona la industria de las criptomonedas y blockchain, los inversores y entusiastas deben mantenerse informados, realizar la debida diligencia y acercarse al mercado con cautela. Las personas pueden tomar decisiones informadas y participar en el crecimiento y la evolución de este negocio dinámico y disruptivo cuando son conscientes de los riesgos y recompensas asociados con la inversión en altcoins y la participación en ofertas iniciales de monedas (ICO).

Además, con el desarrollo continuo de DeFi, NFT y las tendencias emergentes, el espacio blockchain está lleno de oportunidades para la innovación y el cambio positivo. Sin embargo, las partes interesadas deben abordar los desafíos regulatorios, de seguridad y ambientales para garantizar la sostenibilidad de esta tecnología transformadora.

En conclusión, el mundo de las altcoins, las ICO y la tecnología blockchain ofrece un viaje cautivador lleno de promesas y potencial. Mientras abrazamos esta frontera digital, sigamos explorando, aprendiendo y colaborando para dar forma a un futuro en el que la innovación blockchain mejore vidas, empodere a las comunidades y redefina la economía global.

Enfatizando el potencial de las Altcoins y las ICO

La proliferación de las criptomonedas y la tecnología detrás de las cadenas de bloques ha dado como resultado el desarrollo de un ecosistema dinámico e innovador, en el que las Ofertas Iniciales de Monedas (ICO) y las monedas alternativas desempeñan un papel crucial. Las altcoins, criptomonedas distintas de Bitcoin, presentan diversas características y funcionalidades, abordando diversas limitaciones y nichos dentro del ecosistema blockchain. Por otro lado, las ICO se han convertido en un método pionero de financiación colectiva, que permite a las empresas emergentes y a los proyectos recaudar capital suministrando sus propios tokens al público.

En esta sección, titulada "Enfatizando el potencial de las Altcoins y las ICO", exploraremos los atributos únicos y el potencial de las altcoins, examinando sus contribuciones a la industria blockchain. Además, profundizaremos en el poder transformador de las ICO, cómo han remodelado el panorama de financiación tradicional y las oportunidades que presentan tanto para los inversores como para los creadores de proyectos. Al comprender el potencial y los desafíos de las altcoins y las ICO, podemos apreciar su papel en la configuración del futuro de la inversión digital y la innovación blockchain.

La diversidad de las altcoins:

Las altcoins representan varias criptomonedas diseñadas para cumplir propósitos y casos de uso específicos. Mientras que Bitcoin, la criptomoneda pionera, sirve como depósito de valor y oro digital, las altcoins ofrecen funcionalidades y mejoras alternativas. Por ejemplo, Ethereum introdujo el concepto de contratos inteligentes, permitiendo aplicaciones descentralizadas y creando las bases para el floreciente ecosistema de finanzas descentralizadas (DeFi).

Altcoins notables como Cardano se centran en la investigación científica y el desarrollo revisado por pares, lo que garantiza una red blockchain segura y sostenible. Uno de los intercambios de criptomonedas más grandes del mundo utiliza Binance Coin como moneda nativa y es un componente clave de su ecosistema. Otras altcoins como Litecoin y Bitcoin Cash tienen como objetivo mejorar la velocidad y escalabilidad de las transacciones de Bitcoin, mejorando la experiencia del usuario en las transacciones diarias.

La naturaleza diversa de las altcoins ofrece a los inversores y desarrolladores una multitud de opciones para participar en la revolución blockchain. Cada altcoin atiende a diferentes nichos y demandas, lo que muestra el potencial de aplicaciones transformadoras en diversas industrias.

ICO: La democratización de la recaudación de fondos:

Las ICO han democratizado el panorama de la recaudación de fondos, permitiendo a los emprendedores y creadores de proyectos acceder al capital sin depender únicamente del capital de riesgo tradicional o de los préstamos bancarios. A través de las ICO, estos innovadores pueden emitir sus propios tokens y ofrecerlos al público, distribuyendo efectivamente la propiedad y construyendo una comunidad en torno a sus proyectos.

Las ICO son particularmente empoderadoras para nuevas empresas y proyectos en regiones con vías de financiación tradicionales limitadas o inaccesibles. Además, las ICO permiten a los inversores minoristas participar en rondas de financiación en las primeras etapas, nivelando el campo de juego y brindando oportunidades para que los pequeños inversores participen en proyectos prometedores.

El fenómeno ICO ha propiciado el surgimiento de innumerables proyectos innovadores y la creación de nuevas plataformas descentralizadas. Sin embargo, es fundamental reconocer que las ICO también conllevan riesgos, incluido el potencial de estafas y proyectos fraudulentos. A medida que evoluciona el panorama regulatorio, garantizar la transparencia, la rendición de cuentas y la protección de los inversores sigue siendo una prioridad para el espacio de las ICO.

Desbloquear la inclusión financiera:

Las altcoins y las ICO tienen el potencial de desbloquear la inclusión financiera para las personas que requieren acceso a los servicios bancarios tradicionales. En muchas partes del mundo, millones de personas siguen sin estar bancarizadas o insuficientemente bancarizadas, incapaces de participar en el sistema financiero global. Las criptomonedas y la tecnología blockchain ofrecen un medio alternativo de inclusión financiera, permitiendo transacciones entre pares, acceso a servicios financieros y propiedad de activos.

Por ejemplo, las monedas estables, que están vinculadas a monedas fiduciarias, proporcionan una reserva de valor estable y accesible en regiones con monedas locales volátiles. Estas monedas estables permiten transacciones transfronterizas, remesas y acceso a mercados globales, lo que beneficia a personas y empresas en áreas desatendidas.

Además, las plataformas DeFi ofrecen servicios financieros como prestar, pedir prestado y ganar intereses sobre activos digitales, todo sin la necesidad de bancos o intermediarios tradicionales. Estos servicios descentralizados pueden otorgar a las personas un mayor control sobre sus finanzas, abriendo vías para la creación de riqueza y la seguridad financiera.

Impulsando los avances tecnológicos:

El potencial de las altcoins y las ICO se extiende más allá de las aplicaciones financieras. Estas innovaciones han impulsado importantes avances tecnológicos dentro del ecosistema blockchain. A medida que evoluciona el mercado de las criptomonedas, las altcoins experimentan continuamente con nuevos mecanismos de consenso, protocolos de privacidad y modelos de gobernanza.

Plataformas como Cardano y Polkadot se centran en la escalabilidad, la interoperabilidad y la creación de cadenas de bloques interconectadas, sentando las bases para un ecosistema de cadenas de bloques más cohesivo y eficiente. Las altcoins centradas en la privacidad como Monero y Zcash ofrecen funciones de privacidad mejoradas, lo que brinda a los usuarios un mayor control sobre sus transacciones y datos financieros.

Además, proyectos como Chainlink y Oracles proporcionan fuentes de datos confiables y seguras para contratos inteligentes, cerrando la brecha entre blockchain y el mundo real. Estos desarrollos amplían los casos de uso potenciales de la tecnología blockchain, impulsando la innovación en campos como la gestión de la cadena de suministro, la atención médica, la verificación de identidad y más.

Fomentar una cultura de innovación:

El espacio de las altcoins y las ICO fomenta una cultura de innovación, donde los desarrolladores y emprendedores buscan continuamente resolver problemas del mundo real utilizando la tecnología blockchain. Esta cultura de experimentación y creatividad ha llevado al surgimiento de proyectos innovadores, revolucionando industrias tradicionales e imaginando nuevas posibilidades para el futuro.

La naturaleza de código abierto de muchos proyectos de altcoins promueve la colaboración y el intercambio de conocimientos entre desarrolladores de todo el mundo. El desarrollo impulsado por la comunidad fomenta las revisiones por pares, las auditorías de seguridad y las contribuciones de un grupo diverso de talentos, lo que da como resultado plataformas blockchain sólidas y seguras.

Retos y oportunidades:

Si bien las altcoins y las ICO ofrecen un inmenso potencial, también enfrentan varios desafíos. La notoria volatilidad del mercado de las criptomonedas requiere que los inversores actúen con cautela y la debida diligencia. Las estafas y los proyectos fraudulentos exigen una mayor conciencia y escrutinio regulatorio para proteger a los inversores y promover la legitimidad dentro del espacio.

Además, el panorama regulatorio que rodea a las ICO continúa evolucionando, con diferentes jurisdicciones adoptando posturas diferentes. Es vital, con el fin de garantizar la expansión continua y sostenible del ecosistema de las ICO, lograr el equilibrio adecuado entre proteger a los inversores y fomentar la innovación.

El potencial de las altcoins y las ICO es enorme y está dando forma al futuro de la inversión digital y la innovación blockchain. Las altcoins presentan diversas funcionalidades, brindando a los usuarios nuevas oportunidades en finanzas, propiedad y avances tecnológicos. Las ICO democratizan la recaudación de fondos, abriendo puertas a emprendedores e inversores de todo el mundo. Además, estas innovaciones contribuyen a la inclusión financiera, fomentan una cultura de innovación y desbloquean aplicaciones transformadoras en todas las industrias.

A medida que evoluciona el ecosistema blockchain, es esencial aprovechar de manera responsable el potencial de las altcoins y las ICO. Al reconocer las diversas contribuciones de varios proyectos, apoyar la innovación y afrontar los desafíos, podemos aprovechar todo el potencial de estas tecnologías revolucionarias. El viaje de las altcoins y las ICO apenas ha comenzado, y su crecimiento continuo promete redefinir el mundo de las finanzas, la tecnología y la conectividad global. Con un enfoque consciente y un compromiso con los principios de transparencia y rendición de cuentas, podemos desbloquear colectivamente un futuro en el que el potencial de las altcoins y las ICO conduzca a un cambio positivo y duradero para las sociedades de todo el mundo.

Fomentar la inversión responsable e informada

El mundo de las criptomonedas y la tecnología blockchain ha experimentado un crecimiento exponencial, con activos digitales como Bitcoin y Ethereum captando la atención de inversores de todo el mundo. La rápida proliferación de altcoins y ofertas iniciales de monedas (ICO) ha abierto una gran cantidad de oportunidades de inversión en el panorama descentralizado. Sin embargo, este mercado apasionante y dinámico también conlleva riesgos y desafíos. En esta sección, "Fomento de la inversión responsable e informada", exploraremos la importancia de la inversión responsable e informada en criptomonedas. Profundizaremos en principios clave que pueden ayudar a los inversores a explorar las complejidades del mercado mientras salvaguardan sus inversiones y contribuyen a la maduración general de la industria blockchain.

Comprender los riesgos y la volatilidad:

Las criptomonedas son conocidas por su alta volatilidad, lo que puede provocar importantes fluctuaciones de precios en un corto período. Si bien esta volatilidad ofrece el potencial de ganancias sustanciales, también plantea el riesgo de pérdidas sustanciales. Por lo tanto, los inversores deben comprender y estar preparados para afrontar los riesgos inherentes antes de aventurarse en el mercado de las criptomonedas.

Los inversores responsables reconocen que su tolerancia al riesgo y su horizonte de inversión desempeñan un papel fundamental a la hora de diseñar una cartera bien equilibrada. Evitan invertir más de lo que pueden permitirse perder, ya que los cambios repentinos del mercado pueden tener consecuencias imprevistas. Un enfoque reflexivo de la gestión de riesgos puede ayudar a mitigar pérdidas potenciales y proteger los objetivos de inversión a largo plazo.

Realización de una debida diligencia exhaustiva:

La inversión informada exige una investigación diligente y la debida diligencia. Con miles de altcoins y numerosas ICO disponibles, los inversores deben evaluar críticamente cada oportunidad antes de comprometer fondos. La evaluación de factores como la tecnología del proyecto, la experiencia del equipo, el caso de uso y la demanda del mercado puede ayudar a los inversores a tomar decisiones informadas.

Examinar la credibilidad y la transparencia del proyecto es crucial para evitar estafas y esquemas fraudulentos que pueden resultar en pérdidas financieras significativas. Además, verificar el cumplimiento normativo del proyecto y el cumplimiento de los estándares de la industria garantiza que los inversores participen en empresas legítimas y que cumplan con las normas.

Enfatizando el análisis fundamental:

El análisis fundamental es fundamental para evaluar el potencial a largo plazo de las criptomonedas y los proyectos blockchain. Comprender el valor subyacente, la utilidad y la aplicación en el mundo real del proyecto es esencial para tomar decisiones de inversión informadas.

Examinar el documento técnico del proyecto, la participación de la comunidad y el historial de logros proporciona información valiosa sobre sus perspectivas futuras. Los inversores responsables se centran en los fundamentos de largo plazo, reconociendo que las fluctuaciones del mercado a corto plazo pueden no reflejar el verdadero valor de un proyecto.

Adoptando la diversificación:

La diversificación es un principio fundamental de la inversión responsable en cualquier clase de activo y las criptomonedas no son una excepción. Distribuir las inversiones entre diferentes criptomonedas y proyectos puede ayudar a mitigar los riesgos asociados con la volatilidad de los precios y desarrollos imprevistos.

La diversificación también se extiende más allá de las inversiones en criptomonedas. La combinación de activos tradicionales como acciones, bonos y bienes raíces con activos digitales puede crear una cartera completa que se alinee con los objetivos financieros individuales y la tolerancia al riesgo.

Educar y Concientizar:

Fomentar la inversión responsable implica educarse y crear conciencia dentro de la comunidad. El mercado de las criptomonedas es dinámico y está en constante evolución, lo que requiere que los inversores se mantengan actualizados sobre los avances tecnológicos, las tendencias del mercado y los desarrollos regulatorios.

Los inversores responsables también comparten conocimientos y perspectivas con otros, promoviendo una cultura de toma de decisiones informada y gestión de riesgos. Al fomentar una comunidad de apoyo que enfatice la inversión responsable, las personas pueden contribuir colectivamente a la sostenibilidad y legitimidad del mercado de las criptomonedas.

Navegando por el cumplimiento normativo:

A medida que el mercado de las criptomonedas madura, el cumplimiento normativo es cada vez más vital para promover la inversión responsable. Las diferentes jurisdicciones tienen distintos enfoques para la regulación de las criptomonedas y los inversores deben ser conscientes de las implicaciones legales de sus actividades.

Los inversores responsables buscan plataformas e intercambios que cumplan con estándares regulatorios sólidos y cumplan con los requisitos contra el lavado de dinero (AML), así como con los requisitos de Conozca a su cliente (KYC). Las plataformas compatibles fomentan un entorno más seguro y transparente para los inversores, reduciendo el riesgo de exposición a actividades ilícitas.

Protección contra riesgos de ciberseguridad:

Debido a que son digitales, las criptomonedas son vulnerables a amenazas de ciberseguridad que incluyen ataques de piratería informática y phishing. Los inversores responsables dan prioridad a proteger sus activos digitales mediante el uso de carteras seguras, permitiendo la autenticación de dos factores y manteniéndose atentos a posibles amenazas.

Además, mantenerse informado sobre las mejores prácticas de seguridad y los avances más recientes en la tecnología blockchain ayuda a los inversores a adaptarse al panorama de amenazas en constante evolución. Al salvaguardar sus activos, los inversores pueden participar en el mercado con confianza y tranquilidad.

Teniendo en cuenta la manipulación del mercado:

Los mercados de criptomonedas no son inmunes a la manipulación del mercado, como los esquemas de bombeo y descarga y la manipulación de precios por parte de las ballenas. Los inversores responsables se mantienen alerta y cautelosos, evitando involucrarse en esquemas especulativos que inflan artificialmente los precios.

La transparencia y la supervisión regulatoria son esenciales para frenar la manipulación del mercado. Los inversores responsables apoyan iniciativas que promueven la transparencia y trabajan por unas condiciones de juego justas y equitativas para todos los participantes del mercado.

Buscando asesoramiento profesional:

El mercado de las criptomonedas puede resultar complejo y desafiante para los recién llegados. Buscar asesoramiento profesional de asesores financieros con experiencia en activos digitales puede proporcionar información y orientación valiosas.

Los inversores responsables reconocen la importancia de tomar decisiones informadas y consultar con profesionales puede ayudar a alinear las estrategias de inversión con los objetivos financieros y los perfiles de riesgo individuales.

Fomentar la inversión responsable e informada en el espacio de las criptomonedas es crucial para la sostenibilidad y el crecimiento a largo plazo de la industria blockchain. Comprender los riesgos y la volatilidad del mercado, realizar una debida diligencia exhaustiva, adoptar la diversificación y mantenerse informado son principios esenciales para la inversión responsable.

Al educarse, promover la transparencia, cumplir con las normativas, protegerse contra los riesgos de ciberseguridad y ser conscientes de la manipulación del mercado, los inversores pueden participar en el mercado de las criptomonedas con confianza y responsabilidad.

A medida que el ecosistema blockchain madure, las prácticas de inversión responsable desempeñarán un papel fundamental en la configuración del futuro de las finanzas digitales, la tecnología y la conectividad global. Al fomentar una cultura de responsabilidad y conciencia, podemos contribuir colectivamente a un mercado de criptomonedas más seguro, transparente e inclusivo, liberando todo su potencial para un cambio positivo y duradero en el panorama financiero global.

Gracias por comprar y leer/escuchar nuestro libro. Si encontraste útil este libro, te agradeceríamos que te tomes unos minutos para dejar una reseña en la plataforma donde adquiriste nuestro libro. Tu opinión es de gran importancia para nosotros.

www.ingramcontent.com/pod-product-compliance
Lightning Source LLC
Chambersburg PA
CBHW050525160726
48003CB00001B/467